预测市场的实验研究

赵玉亮　著

南开大学出版社

天　津

图书在版编目(CIP)数据

预测市场的实验研究 / 赵玉亮著. —天津：南开
大学出版社，2016.10
ISBN 978-7-310-05244-8

Ⅰ.①预… Ⅱ.①赵… Ⅲ.①金融市场－市场预测－
研究 Ⅳ.①F830.9

中国版本图书馆 CIP 数据核字(2016)第 238504 号

南开大学出版社出版发行
出版人：刘立松
地址：天津市南开区卫津路 94 号　　邮政编码：300071
营销部电话：(022)23508339　23500755
营销部传真：(022)23508542　　邮购部电话：(022)23502200
*
唐山新苑印务有限公司印刷
全国各地新华书店经销
*
2016 年 10 月第 1 版　　2016 年 10 月第 1 次印刷
210×148 毫米　32 开本　5.75 印张　2 插页　151 千字
定价：30.00 元

如遇图书印装质量问题,请与本社营销部联系调换,电话：(022)23507125

序　言

　　在刚刚落下帷幕的美国总统大选中，出现了与英国"脱欧"公投类似的一幕——绝大多数民调机构预测失败。福克斯电视台的选前民调、《纽约时报》的结果都与最终结果大相径庭，而"特朗普"证券却在爱荷华大学的爱荷华电子市场 11 月 8 日当天发生惊天逆转，未知事件的预测在当今多元化、异质化、信息瞬间万变的世界中变得异常重要而又困难重重，预测市场无疑为准确预测带来了一丝曙光。

　　风险和不确定性广泛存在于政治、经济、社会生活之中，在具体事件结果产生之前，人们无法知道美国下一届总统是谁，无法知晓房价和股票大盘的走势，无法预知个人所得税免征额的具体数值，无法预知企业一个新的产品会产生多大的销售量。行为经济学和实验经济学证据表明，人们在决策过程中往往偏爱于确定性或者确定概率的选择。奈特首次区分了风险和不确定性，认为风险是可度量的不确定性，不确定性是不可度量的风险。预测市场，作为一种新兴的预测工具，在不确定性和风险之间架起了一座桥梁。

　　在信息多元化和行为异质性的不确定性世界中，对未来未知事件的估计和准确预测对于个人和组织至关重要。大量证据表明预测市场机制作为区别于传统预测工具的一种新型预测方法有着惊人的预测能力。预测市场机制的研究对推进经济理论发展和推广实践应用都有重要的意义。一方面，预测市场验证了市场汇聚分散信息、传播信息和处理信息的能力；另一方面，预测市场为市场监管部门和市场运行主体提供了一种全新的信息收集方式。

　　预测市场不仅能够对目标预测事件的期望值进行点估计，而且还能够对事件的概率分布做出预估。相对于其他预测工具，具有预测准确、反应即时、激励性强、洞见性强、易扩展等优势，这在发达国家的政治选举、公司决策、公共事件预测中已经得到证实。如果将预测市场实验移植到我国财税政策的预测中，市场能否真实地汇聚分散在大众中的信念？预测绩效是否比其他预测方法更加准确？哪些事件作为预测市场的目标更为恰当？市场中单个交易者预测准确性与交易者的哪些特征有关？在目前的交易方式中哪种收益支付方式能够有效地激励交易者在市场中真实地揭示自己的信念？基于此思路，本书自2011年5月8日起实施了为期53天的个人所得税免征额预测市场实验，针对大众对个人所得税免征额的几个猜测值，在该市场中设计了5个"赢者通吃型"合约，这5个合约覆盖了个人所得税免征额的所有可能区间，5个合约在连续竞价双向拍卖市场中进行单独交易。2011年6月30日全国人民代表大会常务委员会公布了个人所得税免征额为3500元。市场对个人所得税免征额产生了较为准确的预测，合约B在市场结束前的几天中价格显著高于其他合约，市场交易得出的结果显著高于专家意见、名人微博等预测。

为什么预测市场能够将分散在大众中间的信息以证券价格的形式汇聚？观察到预测市场在预测我国财政公共政策方面的预测能力后，本书将"前定"事件结果的预测市场移植到实验室中，将其他不相关的因素剥离掉，在第四章和第五章中设计了离散型事件结果的抽球预测市场实验和连续型事件结果的猜数预测市场实验，在抽球预测市场实验中考察不同信息抽取方式对预测市场价格收敛速度的影响，在猜数预测市场实验中考察信息强度和被试的经验对预测市场信息汇聚速度的影响，在两个实验室预测市场中同时考察了交易者风险态度对个体预测准确性和个体交易量的影响，发现交易者风险态度对交易量有正向影响，与交易准确性并不相关。

本书的主要创新有以下三点。

第一，针对结果连续型事件，本书原创了私人信息强度不断增加的猜数预测市场实验，将预测市场实践中不相关的因素剥离掉，在市场中严格控制信息的强度和被试的经验，通过双向拍卖机制决定证券的价格，一部分交易者获得有关预测结果的私人信息，在实验过程中不断增加私人信息的数量，观察各只证券（彩票）价格对信息的反应程度和信息对价格的调整作用。

第二，在对国外预测市场理论提炼的基础上，在实验室中抽象了结果离散型事件预测市场的预测过程，通过设计抽球实验，在实验中考察不同的信息抽取方式对市场收敛有效预测的影响，真实地再现信息不断揭示、汇聚的过程，通过双向拍卖交易机制来确定证券的价格，证券的最终赎回价格与装入箱子的真实组合有关，与事件相关的证券的价格会对私人信息与干扰信息的减少做出不断调整。

第三，本书设计了中国具体经济情境的预测市场实验——个人所得税免征额预测市场实验，对比网站调查、专家微博预测等方法来检验预测市场对中国具体经济情境的预测能力，提出了市场对个人所得税免征额发生概率分布的预期，探讨了预测市场应用过程中的激励方式等问题。在微观层面，本书探讨了交易者风险态度、性别和工作经验对个体交易量和预测准确性的影响。

目　录

第一章　绪论

第一节　选题背景与研究意义

一、选题背景

（一）现实背景

风险和不确定性（Risk and Uncertainty）广泛存在于政治、经济、社会生活之中，在具体事件发生之前，人们无法知道美国的下一届总统是谁，无法知晓房价和股票大盘的走势，无法预知个人所得税免征额的具体数值，无法预知企业一个新产品会产生多大的销售量。行为经济学和实验经济学证据表明，人们在实际决策过程中往往偏爱于确定性或者确定概率的选择（Kahneman & Tversky，1979）。奈特首次区分了风险和不确定性，认为风险是可度量的不确定性，不确定性是不可度量的风险。预测市场，作为一种新兴的预测工具，在不确定性和风险之间架起了一座桥梁。

预测市场，也常常被冠以"信息市场（Information Market）""思想期货（Idea Futures）""决策市场（Decision Market）""电子市场（Electronic Market）""事件衍生品（Event Derivatives）""虚拟市场（Virtual Market）"等，在该市场中，合约的收益与未来的未知事件联系在一起，合约的价格揭示了市场对事件发生参数的不同预期。交易者把分散在市场中的信息汇聚到交易价格中，交易形成的市场价格集中体现了分散信息的交互作用。通过设计不同合约类型测度整个市场对事件发生变量的预期，"赢者通吃"合约（Winner-Take-All Contract）的价格揭示了市场对合约事件发生概率的预期，指数合约（Index Contract）的价格揭示了市场对合约事件发生期望值的预期，对赌合约（Spread Contract）的价格揭示了市场对合约事件发生中位数的预期。

　　自从 1988 年爱荷华电子市场（Iowa Electronic Market，简称 IEM）进行总统选举市场预测以来，具体的预测市场迅速发展，从美国总统选举到各州的议会选举，从好莱坞的票房数到奥斯卡奖获得者，从国际原油价格走势到宏观经济指标，从惠普公司某产品的销售额再到谷歌公司首次公开募股（IPO）后的市值，从英国每年一度的大学赛船到美国的超级杯橄榄球赛，甚至是流感的发生和萨达姆的下台，都是预测市场的研究对象。与社会调查、专家观点等其他传统的预测方法相比，预测市场产生了相对更加精确的结果，这是因为预测市场对交易者存在揭示和汇聚信息的激励，同时交易者还可以通过交易的频率来传达他们信念的强弱，此外市场中存在连续而非钝化的信念揭示机制，能够通过价格对外界信息迅速地做出反应。正如股票市场为企业提供了融资渠道、保险市场为投保人提供了风险承担的渠道、期货市场为投资者提供了对冲风险的渠道一样，预测市场提供了一个通过汇聚分散信息对未来事件进行预测的渠道，预测市场的实施拓展了市场的功能，如何利用预测市场为我国的公共政策、企业决策提供信息支撑成为一个有重要意义的议题。

　　（二）理论背景

　　在瓦尔拉斯的分析范式中，确定性经济体系中人们的决策行为不涉及信息和信念，效用函数与市场价格没有直接的联系，其自变量仅仅涉及商品的数量，商品价格由"瓦尔拉斯拍卖人"根据超额需求或者超额供给外生决定，商品价格仅仅是资源稀缺程度的反映，价格配置资源的效率程度体现了市场的有效性。瓦尔拉斯分析框架暗含的假定之一是人们具有完全的信息，完全竞争条件下每个交易者足够小到以至于无法影响群体中其他交易人的决策，因此个体在决策时不关心其他人的信息和决策。现实中人们对商品的评价往往是从主观到客观和从自我到外部的过程，这种"超理性"的外生决定的价格硬性规定了人们的客观评价，将客观价格与人们的主观评价硬生生地割裂开来。理性预期理论将瓦尔拉斯范式下的交易者置于信息不对称的市场中，理性交易者从瓦式价格中"窥探"到了其他交易者的私人信息或者类型，经过再次交易形成的均衡价格反映出了所有交易者的可得信息，理性预期均衡为有效市场假说提供了一个微观基础。在一个"有效的市场"中交易者完全理性地觉察到和利用到了所有可得信息，市场在意识和能力两个层面上充分有效。有效市场理论（EMH）认为，市场中的交易者都是理性的经济人，股票的价格真实地反映了资产的价值，涵盖了所有交易者的可得信息，在市场出清价格上如果没有新的信息，市场不存在套利的空间（法码，Fama，1970）。换言之，市场价格已经将所有交易者的信息都汇聚到了均衡价格中，该假说有两个层面上的含义，一方面市场上的价格能够及时获取所有的信息，市场中的信息是充分有效的，另一方面市场价格能够对获取的信息产生准确的反应，价格的配置作用是充分有效的。

哈耶克（1945）否定了市场交易中的完全信息的假设，认为"没有一个人能够掌握全部信息，因为其全部分散在所有有关的人手中。若想了解价格体系的作用，需要将价格看作一种信息交流体制。价格体系最重要的特点是对其运行所需要的知识的节约，参与者仅需要掌握极少的知识就能采取正确的行动，关键信息通过简短的形式借助某种符号传递，且只传递给相关的人。将价格体系描述为一种记录价格的工具或者一个通信体系是个很好的比喻，通信体系使得个体生产者能够像工程师一样仅仅观察几个指针的变动就能调整他的活动从而适应变化，而对于没有反映在价格走势中的变化他们却一无所知"。哈耶克极少的交易者就能够使市场有效运转的论断受到很多主流经济学家的质疑。为了检验该假说，史密斯（1982）利用实验室环境下 150～200 个具有私人信息的双向拍卖市场中证明了市场迅速收敛于竞争性均衡状态的价格和数量。在史密斯意义上的情境中哈耶克假说是成立的，竞争性均衡的实现既不需要完全信息也不需要大量参与者，在其他环境中，尤其是一些诸如证券等或有权益合约（Contingent Claims）市场中哈耶克假说是否仍然成立值得做进一步的理论和实验的检验。

预测市场正是在有效市场理论和哈耶克假说的基础上提出并发展的，预测市场的准确预测依赖于两个条件：其一，市场在任何时刻都是有效的，市场价格能够完全地反映和汇聚相关的信息；其二，参与者对市场中与事件相关的信息有一定的处理能力。

二、研究意义

（一）理论意义

第一，探讨实验室环境下资产市场中信念汇聚机制，进一步捕捉理性预期形成条件。

信念汇聚是预测市场价格反映市场一般意义上的预期的基础，实验室环境下的资产市场为信息汇聚提供了一个良好的舞台。不同于普通意义上的商品，证券作为一种或有权益合约，收益无法在交易时得到确定性的价值，证券等或有权益合约因为存在风险和不确定性价值，只能在未来期才能确定，因此，证券价格很大程度上决定于人们对其未来收益的"共同预期"，也就是交易者对证券未来收益的信念。

目前，实验室中证券市场的研究主要基于证券特征的两个维度，第一个维度是时间意义上的证券，一个证券有多个生命周期，每个生命周期都产生一定现金流，随着时间的推进，证券的基础价值不断减少。第二个维度是证券的不确定性，学者们抽象掉了时间维度对具有单期生命的证券进行考察，由于证券对不同类型交易者的价值是不同的，因此，证券的交易过程中能够产生交易利得，预测交易均衡价格的模型主要有理性预期模型（卢卡斯（Lucas，1972）；格林（Green，

1973))、私人信息模型、最大最小模型等。本书试图在实验室中探讨在时间维度和不确定性维度的双重框架下信息的汇聚和分散过程，进一步捕捉理性预期的形成条件。

第二，进一步探讨不同信息条件下的预测市场机制之间的效率比较，找寻不同信息条件对不同机制效率反应的着力点。

金融市场，或者或有权益市场之所以存在交易是因为交易者对交易对象持有不同的预期，寻本溯源，为什么交易者存在不同的预期或信念？一方面，不同的信息可能产生不同的预期或信念；另一方面，在史密斯共同知识不是共同预期的充分条件的猜想得到实验证实之后，即使相同的信息也可能产生不同的信念。在交易过程中，个体用自己掌握的私人信息或者公开信息，对客观世界自然状态的先验信念进行加工形成贝叶斯后验信念，交易者的后验信念和风险态度组成了个体的主观期望效用函数，个体通过最大化该效用函数做出自己的个体选择，市场中所有个体的选择行为互相叠加从而产生市场一般意义的均衡价格，均衡价格反映了市场交易主体掌握的私人信息、公共信息和风险态度。本书试图探讨不同的信息条件对市场预测机制的不同影响，私人信息和公共信息如何相互作用于预测市场产生不同的预测效率，找寻不同信息条件对不同汇聚机制预测效率反应的着力点。

第三，对预测市场的研究能够获得比目前传统的金融市场更多的数据，预测市场中交易的是与未来事件相关的证券，通过对证券价格的走势预测事件发生的结果，预测市场某种程度上也是一个证券交易市场，一定程度上能够反映出当前证券市场的交易特征，实验经济学对预测市场的研究能够追踪到每一个交易者，从预测市场中能够获得交易者的每笔交易记录以及交易者个人统计特征，这是传统证券市场无法实现的，预测市场在缩小传统实验经济学与真实世界之间的距离方面存在巨大的研究潜力。

（二）现实意义

利用信息在价格机制中的作用，科学设计预测市场，使其更好地服务于不同组织的目标。

未来未知事件的准确预测对个人和组织至关重要，而与未知事件结果相关的信息却又分散在不同人群中，特别是在不同地理区域中的人们。如何科学地设计预测市场，在该市场中将分散在大众中间的信息汇聚并通过与事件结果相关的某个资产的价格反映出来，是预测市场成功预测的关键。由于市场参与者持有证券的收益是与未来事件相关的，故交易者有激励揭示其掌握的真实信息情况。一个公司新研发产品的未来销售情况、一个企业 IPO 后的市场价值、某新发布电影的票房纪录、谁将是总统大选中的胜出者、公共民意调查、个人所得税免征额等财税政策、各种宏观经济指标、地缘政治风险甚至流行感冒的爆发等都可以通过预测市场机制将分散在大众中间的信息汇聚，形成整个市场对事件结果的总体信念，从而根据预测结果做出更加合理的计划安排。因此，如何科学设计预测市场，让其应用于恰当的情境，预测市场可以很好地服务于我们，关键在于如何设计预测市场中的细节问题，用少量的交易个体得到精确的预测，同时在精心设计的市场中如何对交易者进行支付、减少信息陷阱、避免操纵等问题都是至关重要的。科学引导预测市场，使其更好地服务于不同的组织目标，精心设计和合理引导是关键，对预测市场的了解和认识是根本。本书的研究以期为善治者提供理论依据和实验支撑，使预测市场更好地服务于组织目标。

第二节　研究内容与研究方法

一、研究内容

本书共分为六章，具体章节内容安排如下。

第一章，绪论。本章主要对预测市场进行了总体扼要的阐述，首先从现实角度和学术角度介绍了预测市场的研究背景和选题意义，其次介绍了研究方法、主要内容与技术路线，最后提出了本书的创新之处和存在的难点问题。

第二章，范畴提炼与文献梳理。首先，对传统的预测体系和预测方法进行了概览式的阐述，进而提出预测市场相对于传统预测方法的优势，其次，梳理了预测市场涉及的核心概念，接着对目前的预测市场理论基础、理论模型、实验应用等方面进行了综述，最后，紧承文献对预测市场研究进行述评，总结出准确预测市场的根本原因。

第三章，本章设计了中国具体经济情境的预测市场实验——个人所得税免征额预测市场实验，对比专家意见、名人微博预测等方法来检验预测市场对中国具体经济情境的预测能力，探讨预测市场应用过程中的问题，同时对交易市场中的交易者特征与交易者行为进行研究，以期使预测市场对我国市场经济运行中不确定事件的预测做出努力。

第四章，本章在实验室中检验结果离散型事件预测市场的有效性，在抽球实验中，检验不同的抽取方式，模拟预测市场中真实信息的不同程度的揭示过程，以双向拍卖交易机制来确定证券的价格，证券的最终赎回价格与箱子中哪种颜色的球占多数有关，从而观察彩票的价格对不同程度信息的调整反应程度。

第五章，本章通过设计猜数实验在实验室中检验结果连续型事件预测市场的预测效率，将表征结果的可能数值划分为 N 个区间，建立 N 只证券与所预测结果的 N 个区间相对应，证券的最终赎回价值与结果数值落在哪个区间相关，仍然通过双向拍卖机制决定证券的价格，一部分交易者获得有关预测结果的私人信息，在实验过程中不断增加私人信息的数量，观察各只证券价格的对信息的反应程度和信息对价格的调整作用。

第六章，全书的总结。进一步审视预测市场准确预测的背后机理，对预测市场的理论研究、实践发展和法律法规问题做出相应的展望。

二、研究方法

(一) 实验室实验

由于预测市场是基于实验经济学发展起来的预测方法，因此本书自然地选择了实验室实验的方法。在实验室中通过恰当合意的实验设计，随着时间的推进和噪声干扰的减少，通过价格机制将分散在市场中的信息汇聚传播，从而对未知事件进行预测。实验室实验为预测市场提供了一个天然的"练武场"。史密斯（1976，1982）提出的实验经济学方法必须遵循以下 5 个基本原则。首先是非餍足性（Nonsatiation），即对于独立的决策个体，在面对两项无成本选择时总是偏好产生高报酬的那个选项，即效用函数是货币报酬的单调递增函数，$U' > 0$。第二个原则是凸显性（Saliency），即在实验室中被试的报酬与被试的行动信息密切相关。第三个原则是占优性（Dominance），是指被试的报酬结构必须高于实验中任何行为的主观成本或价值。第四个原则是保密性（Privacy），是指实验中的每个被试仅仅知道自己的支付情况。第五个原则是并行性（Parallelism），是指在其他条件不变的条件下在实验室微观经济环境中检验的有关个体行为和制度绩效的命题在实验室以外的环境中也同样成立，根据并行性原理，实验结果可以适用于实验室以外的世界。这 5 个原则保证实验室证据能够解释现实生活中人们的行为。

实验室实验又分为两种：手工实验和基于局域网的计算机实验。本书风险态度的测度采取有真实支付的手工实验，该实验在专门的经济决策实验空间里进行，由于手工实验中实验环境和执行过程都会给被试传递丰富的信息，为避免其他变量对考察变量的污染，因此对实验主持人的执行过程要求比较高。另外本书的大部分实验是基于局域网的计算机实验，由被试在独立的实验隔间中完成，基于局域网的实验对编程技术要求比较高，本书涉及的实验一部分是基于菲斯巴赫尔（Fischbacher，2007）开发的 z-Tree 操作平台的 z-Tree 程序，证券交易系统实验是基于 Microsoft Visual Studio 2010 平台开发的 Selten 证券交易系统，可以进行 7（天）×24（小时）实时交易。以上应用程序和操作平台根据实验需求全部由南开大学泽尔滕实验室自主研发。

（二）针对不同类型的因变量进行多元线性回归

除对预测数据进行描述性统计以外，本书第五章在完成 5 局猜数实验之后，利用计量经济学方法对实验数据进行了多元线性回归分析，来考察交易者个体预测准确性及其市场活跃度与哪些因素相关。解释变量涉及有效信息个数、交易者性别、家庭收入、风险态度、政治面貌、股票交易经验、独生子女等。

（三）非参数检验

非参数检验是一种重要的检验方法，在总体分布已经知道的情况下，对总体分布的均值、方差进行推断估计应该使用参数检验，但是在现实的数据分析中，尤其是实验数据中，数据量比较少，甚至仅有十几个或者几十个，无法对总体分布形态做出简单假定，但是本书希望能够从实验数据中获取尽可能多的信息，这时参数检验方法由于其对数据的苛刻要求不再适用，应使用非参数估计方法进行检验。非参数检验方法由于在推断过程中无须涉及总体分布的参数故而得名"非参数检验"。在个人所得税免征额预测市场实验考察个体在预测过程中绩效时，本书针对不同风险态度、性别、工作经历进行了非参数检验。在抽球预测市场和猜数预测实验中，由于实验轮数只有 10 轮，无法对收敛速度的总体分布做出估计，在考察不同抽球方式和信息强度对收敛速度的影响时，本书使用非参数检验的方法考察各实验设置中收敛速度的不同。

（四）行为进路分析方法

在进行计量分析数据的基础上，本书采用行为进路来分析交易主体的行为表现，比较考察不同的风险态度对交易主体的行为影响。个体行为受到其信念和偏好的制约，信念是个体对行为和结果之间关系的理解；偏好是行为的理由。行为分析范式为考量交易主体行为分析提供了方法，能够较好地解释实验市场中的交易主体行为和背后的信念偏好。

第三节 技术路线与创新

一、技术路线

本书以预测市场为研究对象，通过信息的传递研究预测市场实践中的应用问题以及不同类型结果事件的预测市场的信息汇聚和证券价格收敛的问题，具体技术路线图如图 1.1 所示。

在明确研究背景和选题意义之后，提出了为什么研究预测市场，紧接着对预测市场涉及的相关核心概念进行了界定，对预测市场的理论基础和理论模型以及预测市场在现实中的应用做出综述，并对相关文献进行评述。第三章针对中国的具体经济情境设计了中国具体经济情境的预测市场实验——个人所得税免征额预测市场实验，来检验预测市场对中国具体经济情境的预测能力，探讨预测市场应用过程中的问题，同时对交易市场中的交易者特征与交易者行为进行研究，以期使预测市场对我国的市场经济运行中的不确定事件的预测做出努力。在预测市场具体应用研究完成后，本书将预测市场抽象到实验室中，针对所预测对象结果变量的离散和连续的特征，分别设计了抽球和猜数预测市场实验，在实验市场中观察证券价格如何对私人信息做出反应和调整而收敛的过程，同时在结果离散型事件和结果连续型事件预测市场实验中，本书也考察了交易者风险态度和人口统计特征对交易行为的影响。最后总结全书，进一步审视预测市场准确预测的背后机理，对预测市场的理论研究、实践发展和法律法规问题做出相应的展望。

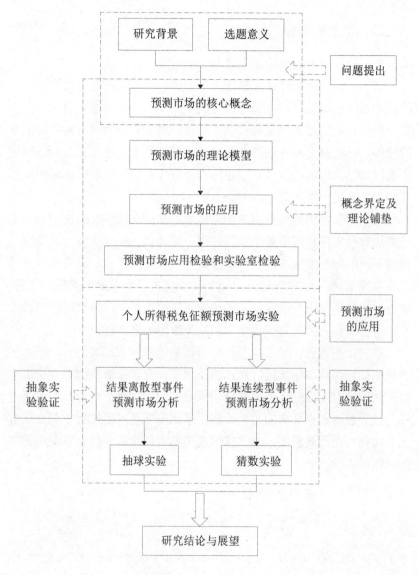

图 1.1　技术路线图

资料来源：作者根据全书结构整理。

二、本书的创新

本书存在以下三点创新之处。

第一，针对结果连续型事件，本书原创了私人信息强度不断增加的猜数预测市场实验，将预测市场实践中不相关的因素剥离掉，在市场中严格控制信息的强度和被试的经验，通过双向拍卖机制决定证券的价格，一部分交易者获得有关预测结果的私人信息，在实验过程中不断增加私人信息的数量，观察各只证券（彩票）价格对信息的反应程度和信息对价格的调整作用。

第二，在对国外预测市场理论提炼的基础上，在实验室中抽象了结果离散型事件预测市场的预测过程，通过设计抽球实验，在实验中考察不同的信息抽取方式对市场收敛有效预测的影响，真实地再现信息不断揭示、汇聚的过程，通过双向拍卖交易机制来确定证券的价格，证券最终赎回价格与装入箱子的球的真实组合有关，与事件相关的证券价格会对私人信息与干扰信息的减少做出不断调整。

第三，本书设计了中国具体经济情境的预测市场实验——个人所得税免征额预测市场实验，对比网站调查、专家微博预测等方法来检验预测市场对中国具体经济情境的预测能力，提出了市场对个人所得税免征额发生概率分布的预期，探讨了预测市场应用过程中的激励方式等问题。在微观层面，本书探讨了交易者风险态度和交易量对预测准确性的影响。

第二章 范畴提炼与文献梳理

第一节 传统预测方法与预测市场

一、预测方法的发展和预测体系

　　风险和不确定性（Risk and Uncertainty）像空气一样弥漫在政治、经济、社会生活中，在具体事件发生之前，人们无法知道所在国家的下一届总统是谁，无法知道明年房价的高低，在全国人民代表大会常务委员会公布之前，人们无法知道 2011 年中国的个人所得税免征额是 2500 元，抑或是 3500 元还是 5000 元，也无法知道 2016 年 12 月 1 日的沪市大盘指数是否会超过 3000 点，无法知道"3·11"日本大地震后的核泄漏会引发何种程度的核辐射，无法知道企业一个新产品会产生多大的销售量。行为经济学和实验经济学已经证明，现实生活中人们的决策过程往往偏爱确定性的东西，希望对未来事件了然于胸，奈特首次区分了风险和不确定性的概念，将之总结为"风险是可度量的不确定性，不确定性是不可度量的风险"（奈特，2010），于是有了各式各样的预测的存在。自古至今，不同的民族、不同的地区存在着千姿百态、名目繁多的预测未来的方式，从我国古代的周易阴阳八卦预测到吉卜赛人的水晶球占卜术，从古罗马人的观察飞鸟行动来预知未来到中国乌鸦叫声中所传达的凶吉，从藏族的观湖问神到彝族的羊胛骨占卜，无不显示了人们对未来未知事件的恐惧和对确定性事件的渴望。

预测是在掌握目前信息的基础上，根据一定的方法和规律对未来未知事件进行估计和推断，以在事件发生之前掌握事件发展的过程或者结果。预测方法及其形式多种多样，既包括不同国家、民族、门派对祸兮福兮的玄门术数，也包含现代自然科学和社会科学对现有的信息进行细致加工，对自然状态的发展以及人类社会发展事件的推测与估计。

预测方法依据的原理有很多，如连续性原理、相关性原理、相似性原理、可知性原理、可控性原理、可能性原理、系统性原理、反馈性原理、创造性原理，其中连续性原理、相关性原理以及相似性原理是最基本的原理。连续性原理是客观事物在变化发展过程中表现出来的"承前启后"的延续性，因此可以通过对研究对象的过去和现在来预知其未来；相关性原理是指世间万物的发展变化都不是孤立存在的，而是有联系的，因此可以通过观察分析研究对象与其相关事物的依存和影响关系来预测研究事态发展；相似性原理是指通过与客观事物特性相近的事物来研究该客观事物的发展规律，特征习性相近的事物的变化特征可以帮助推断被预测对象的未来发展情况。

预测方法的发展与生产力的发展是休戚相关的，生产力不发达时，受到自然知识和社会知识水平以及文化传播的限制，单纯靠经验的预测不易传播，人类社会预测以玄学占卜为主。由于对不确定性的恐惧，人类很早在日常生活、生产实践以及政治生活中就存在着预测的意识以及简单的经验直观预测。对未来未知事件的预测，如通过云彩预测第二天的天气情况、预测农作物的产量、对政治经济形势的推测等。当然这些预测仅仅是通过直观的观察以及简单经验分析，借助云彩等先兆信息加以推测从而形成预测。由于受到社会和科技发展水平的制约，无法形成科学的预测方法和工具，缺乏对预测方法体系的研究，预测并没有形成一个专门的学科。18 世纪、19 世纪和 20 世纪的三次科技革命极大地推动了生产力的发展，新技术、新工艺不断涌现，人们对自然和社会的认识迈上了一个新台阶，生产竞争也越来越激烈。希腊著名哲学家苏格拉底先生曾经用圆圈理论来解释有知和未知的关系，知之越多，未知也就越多，对预测未来未知事件的需求也越来越强，人们日益感到预测未知未来的重要性，另外，科学的发展也为研究预测方法和应用预测方法提供了有效的手段。现代预测科学开始的标志是1943年德国社会学家弗勒希特海姆首先使用"futurology"这一术语，即未来学，这标志着人类开始把预测活动作为专门的研究对象来研究，现代预测科学开始成为一门学科。到了20世纪50年代末，由于定量方法和手段的逐步完善，预测科学具备了加速发展的条件，形成了一门综合性学科。随着预测科学的形成和发展，预测在各个领域的广泛应用，各种科学的预测方法应运而生。据统计，预测方法至今已有二百余种。

现代预测是指在掌握一定信息的前提下，根据一定方法和规律对未来发生的事件做出判断和估计的过程，以提前了解事情发展的结果。预测对个人、企业及国家都有重要的意义。及时准确的市场预测是一个企业生存、生产、经营和发展的前提基础。预测在社会生活中诸多领域都是至关重要的，从个人角度来讲，人们总是喜欢预知个人在婚姻、职业和投资过程中的成功与否，组织也在新产品、新工厂、零售网点的建立以及与管理合同的预测中花费大量的人力和物力，政府部门也需要预测经济、环境的影响。由于准确预测对个人和组织至关重要，目前发展了大量的预测方法。传统上，在现代企业中广泛使用的预测方法有统计预测方法和调研预测方法两大类。阿姆斯壮（Armstrong，2001）根据预测信息和知识的来源不同，将预测方法分为两大类：基于判断的预测和基于统计的预测。基于判断的预测方法有角色扮演、意图调查、专家观点等，而基于统计经验数据的预测方法有时间序列的外推模型和多元回归模型等。

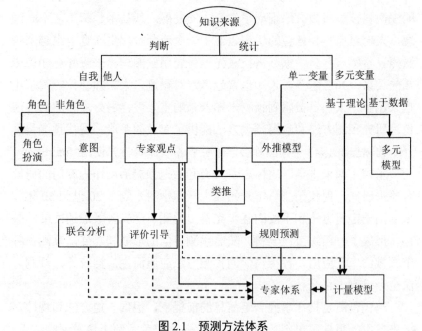

图 2.1 预测方法体系

注：虚线表示可能存在的关系。

资料来源：Armstrong. J.Scott. Principles of Forecasting：a Handbook for Researchers and Practitioners[M]. Kluwer Academic Publishers, 2002.

预测方法种类繁多，但迄今没有建立一个公认的、普适性的分类体制，一种代表性的方法是将预测方法大体总结为直观型预测方法、探索型预测方法、规范型预测方法和反馈型预测方法。直观型预测方法是根据预测者的经验、知识、信息、综合分析能力等对预测目标进行主观、定性的判断，找出事物发展规律判断事物的未来发展趋势，比如头脑风暴法、情境分析法、专家预测法、德尔菲法等。该类方法的优势是容易实施、简单易行，但作为最基础的方法，其缺陷是主观性成分较大，随机成分较多以及缺少精确的定量分析。探索型预测方法的主要特征是不具体规定未来环境，根据事物发展的延续性原则假定未来仍然按照过去的趋向发展，通过现有知识探索未来发展的可能性。主要方法涉及指数曲张法、历史类推法、生长曲线法、包络曲线法、趋势外推法、分析模型法等。规范型预测方法是以社会的需要和预想的目标作为限制条件来估测实现目标的时间、途径和创造可能的条件。该类方法主要有模拟方法、形态模型法、关联树法、网络技术方法等。反馈型预测方法也称为综合型预测法，是以反馈原理为基础，将探索型预测法和规范型预测法相互补充，综合运用，并将它们处在一个不断反馈的系统之中。

选择预测方法是科学预测的重要一环，方法选用是否得当，将直接影响预测的精确度和可靠性。预测方法虽然很多，但各种方法都有它的适用范围。适用性较广的方法只有十几种。预测方法各有所长，在进行预测时，往往需要将多种预测方法综合应用，才能得到比较理想的结果。如某五金交电公司先后采用了经验判断法、典型调查法、抽样调查法、专家征询法等预测方法，多次进行了彩色电视机需求量的预测，并得出了综合预测的结论，为有计划地开拓新产品市场，引导生产提供了决策支持依据。

二、常见的预测方法

虽然预测方法和手段种类繁多，但目前为止仍然没有建立一个系统的、具有一般意义的分类标准，从具体的预测方法总体来看，当前比较流行的方法主要有头脑风暴法、回归分析预测法、时间序列预测法、情景分析法、专家预测法、神经网络预测法等。

（一）头脑风暴法（Brain-storming）

头脑风暴法的发明源于现代创造学的创始人美国学者阿历克斯·奥斯本，他于 1939 年首次提出、1953 年正式发表这种激发性思维方法。经过几十年各个国家的学者的研究和实践，目前已经发展成为一个发明技法群，被广泛应用于各类企业和组织。头脑风暴法也叫智力激励法、BS 法、自由思考法。

头脑风暴法来源于"头脑风暴"一词。其实最早头脑风暴

（Brain-storming）是一个病理术语，指精神病患者头脑中的思维紊乱现象，病人会胡思乱想，短时间产生大量的想法和念头。经过奥斯本将该概念进行延伸，现在头脑风暴法指大脑高度活跃，自由想象，打破常规思维，从而产生无限制的想法、观点、认知等，进而让各种思想相互碰撞，激发更多的创造性思维，从而产生新方法、新概念、新思想等。

进行集体讨论和决定时，由于群体效应，各个参与者的心理可能会相互影响，迷信权威或产生从众心理，这就形成了"群体思维"。群体思维实际上降低了个体的创造力，弱化了整体的创新思维，影响了决策水平。基于这种现象，为了提高决策水平和讨论效率，让群体决策具有想象力和创造力，管理学研究了很多改进方法和发展措施，其中头脑风暴是应用最广的一个。

头脑风暴法可以分为两种，一种是直接头脑风暴法，简称为头脑风暴法，指在群体讨论的时候鼓励创新，参与者畅所欲言，可以提出各种设想、方案。另一种是质疑头脑风暴法，简称为反头脑风暴法，是对第一种方法讨论时提出的想法、手段等进行质疑，逐一批判，看其是否具备现实意义、能否施行。

进行讨论采用头脑风暴法时，通常是召集所讨论问题相关领域的专家后，主持人向大家阐述要讨论的议题，告诉大家会议的方式，不规定讨论的范围和思路，由大家自由想象，尽情发挥，以创造轻松融洽的讨论氛围。主持人一般不做过多的发言和限制，避免影响参与者的思维，由专家想象出尽可能多的方法和意见。

根据奥斯本的研究，头脑风暴之所以能够激发创新思维是因为以下四点。第一，头脑风暴的联想反应。由于某人或某事物而想起其他相关的人或事物或者由于某概念而引起其他相关的概念，联想可以产生新的观念，在群体讨论时，每出现一个新的概念或事物，都会引起人们的联想。通过一个想法引发相关的想法，产生一连串的反应，形成了一系列的想法，从而产生了多种方案。第二，头脑风暴的热情感染。当多个参与人在一起时，如果不设置过多的限制，参与者会逐渐热情高涨，每个人都能够自由发言，无拘无束，情绪会相互感染，思想会相互影响，从而产生讨论的热情，每个人都极大可能地发挥自己的想象，挣脱传统观念的束缚，产生创造性思维。第三，头脑风暴中的竞争意识。群体在一起的时候，如果有竞争，人们就会跃跃欲试，争先恐后，急于发表自己的看法，为了让自己的发言有吸引力，就会不断挖掘思维潜力，绞尽脑汁寻求突破。心理学研究证明，人类在有竞争的环境里，争强好胜心理会特别明显，思维也会特别活跃，心理活动效率大大提高。第四，头脑风暴中的个人欲望。每个人都有欲望，而且不希望自己的欲望受到限制，因此在进行群体决策时，一定要让个人思想和欲望不受控制和干扰。头脑风暴非常重要的要求是不能对发言者提出批评，也不得提出怀疑，只有这样，才能使每个人畅所欲言，提出大量的想法。

为了让思想充分发散和激荡，头脑风暴法应该遵循以下几点原则。第一，先讨论后评判原则。在讨论过程中，不得对各种意见、方案进行评判，认真对待任何一种设想，而不管其是否适当和可行，总结和评判只能放到最后阶段，此前不能对别人的意见提出批评和评价。第二，独立自由原则。头脑风暴法鼓励各抒己见，发散思维，创造一种自由的气氛，激发参加者提出各种荒诞的想法。第三，追求数量原则。想法和意见越多，产生好意见的可能性越大。第四，取长补短原则。一方面鼓励参与人提出自己的意见，另一方面鼓励参与人对其他人的想法和意见进行补充、完善和改进。

采用头脑风暴法进行讨论的参与者都应该具有较活跃的思维，进行头脑风暴时，会议环境要尽可能让参与者把注意力高度集中在讨论的问题上。一个人提出的意见，可能正是其他没有发言的人已经想过的意见。其实最有价值的想法，经常是在前人提出的想法基础上，经过无数大脑的连锁反应快速形成的想法，或者是对多个想法进行综合，从而产生最完美的意见。因此，采用头脑风暴产生的方案，是全体参与者集体智慧的结晶，是参与者相互感染的成果。

（二）回归分析预测法（Regression Analysis）

回归分析预测法是根据预测的相关性原理，找出影响预测事件的各种因素，用数学模型近似地刻画出预测目标与各影响因素之间的关系，利用已有的样本数据对数学模型中的各个参数进行估计，模型确定后，可以根据不同因素的变化对目标预测事件进行预测。

回归分析预测有以下几个步骤：（1）明确预测目标，确定因变量和自变量，预测目标一旦确定，因变量也就确定了，如要预测某公司第二年的销售量，则销售量是因变量，关键的是自变量的确定，这样通过各种信息寻找预测目标的影响因素，从而选出自变量；（2）建立回归模型，根据收集到的因变量和自变量的历史数据建立回归预测模型；（3）相关性分析，回归分析是对存在因果关系的两个变量进行的数理统计分析，自变量和因变量确实存在某种关系是所建立的回归预测模型有意义的条件，自变量和作为预测对象的因变量是否相关以及相关度是回归分析必须要面对的问题，回归分析时，通常要找出相关关系，然后通过相关关系的大小来判别自变量和预测目标的相关程度；（4）检验回归模型，回归预测模型能否应用于实际预测依赖于回归预测模型的检验，通过 t 检验以及 F 检验之后的回归方程才能够对目标事件进行预测；（5）利用回归模型预测事件，然后对预测值进行全方位分析，最后确定预测值。应用回归预测方法时首先应该确定变量之间是否存在相关关系，如果自变量和因变量之间不存在相关关系，将其影响因素考虑进回归预测模型就会得出错误的结果。

（三）时间序列分析预测法（Regression Analysis）

时间序列分析预测法也称为历史引申法，主要依据事物连续性原理，是历史资料的延伸预测，时间序列能够反映社会经济事件发展过程中的规律性。时间序列预测将统计指标的数值按照时间先后顺序重新排列，然后进行类推或者延展，首先要收集和整理预测目标的历史资料，对资料进行初步筛选、鉴别，分析时间序列，从中找寻出预测目标的变化规律，根据判断出来的规律预测未来事件的相关情况。

时间序列分析在预测中要遵循以下步骤：（1）收集与整理历史数据并将其编辑为时间序列；（2）解剖时间序列，时间序列中每一期的数值是众多因素综合作用的结果；（3）选定恰当的数学模式来表达时间序列，对于模型中的未知参数，应尽量求出其值；（4）利用时间序列得到长期趋势的数学模型后才可以预测。

（四）情景分析法（Scenario Analysis）

情景分析法也称为脚本法、未来脚本法、情景描述法等，前提是假设某种迹象或者趋势能够一直持续到将来，预测对象可能出现什么情况或者产生什么结果。情景分析法是一种直观的定性预测方法，是对预测对象以后的发展可能做出各种假设和预测。情景分析法的基础是推测，是对未来可能出现的情况进行描述，并将各个单独的推测综合起来，形成一个总体的预测。情景分析是对目标对象或者目标对象所处的外部环境进行研究分析。简言之，情景分析是研究环境，了解环境，找出影响因素，分析可能发生的各种状况，预测可能出现的各种情况。

在时间序列和回归分析等预测方法中，依据的一般思想是趋势外推，也就是在所预测事件外部环境基本保持不变或者变化不大的前提下，通过找寻经济事件和经济系统过去及其现在的一般变化规律，根据的是预测连续性原理，将经济规律推演到未来，该方法不可避免的缺陷是忽视了条件变化对所预测事件的影响，如果事件发展的外部条件发生重大变化，时间序列分析和回归分析可能不再适用。情景分析法在考虑外部环境对所预测目标影响的基础上，通过研究环境来找寻影响所预测未来事件发展的外部因素和详细分析外部环境发生重大改变后所预测事件可能的未来状况，从而提出应对各种状况的对策。

所预测事件的情景设定和选择是情景分析法最关键的内容，情景是对所预测事件将来可能出现的状态以及通向该状态的可能路径的描述，前者是状态情景，后者为路径情景，状态情景描述是描述所预测事件及其环境未来的可能状态，路径情景则是对实现一种状态的路径的描述。通常情况下，预测事件的存在环境是不断变化的，甚至有时会发生突发性事件，外部的突发事件使得所预测目标的未来发展更加不确定。不同的外部环境对应着预测事件不同的状态。根据张明立和吴凤山（1992）预测事件的情景发展模式如图 2.2 所示。

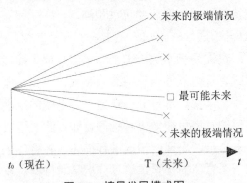

图 2.2　情景发展模式图

资料来源：张明立，吴凤山. 情景分析法——一种经济预测方法[J]. 决策借鉴，1992（3）.

　　情景（Scenarios）一词包括概况、情况、情节、剧本、剧情等意思，既可以应用于环境分析，也可以应用于决策方案的形成。在环境预测中，一个情景可能就是各种情况、多个情节或一系列状况。制定战略方案和经营决策时，一个情景就是一个决策方案。显然，方案情景是建立在环境脚本的基础上，即先生成环境脚本，再根据环境脚本形成决策的方案脚本。

　　管理学中的"头脑风暴法""设想未来法"以及"案例法""未来案例法"等，都和情景分析法有异曲同工之处。头脑风暴法是以团体的形式，在轻松自由的氛围中挖掘大脑潜力，激发想象力，鼓励创新，摆脱传统观念的束缚，提出各种想法和意见，从多个方面认识问题、解决问题。设想未来法并不参考过去和现在的情况预测未来，它不考虑各种变化因素和动态发展，而是以未来的合理性为基础，去预测未来的情况。头脑风暴法也可以用来预测未来可能出现的各种问题和状况，集中群体的智慧，充分想象未来的合理性。案例法或未来案例法是将各种情况和未来可能出现的结果当作案例进行分析，从而发现问题、解决问题。

（五）专家预测法

专家预测法是通过收集专家意见进行预测的一种方法，又称"专家调查法"。可分为两种方式，第一种是专家意见法。先组织专家进行实地考察、分析、研究，然后再组织专家一起讨论、预测结果。第二种是德尔菲法。这种方式并不召集专家在一起，而是组织者以信函问询的方式，分别向有关专家咨询要研究的问题，要求专家作答，这个过程中专家并不见面或交流。收到专家的反馈意见后，组织者将这些意见分类整理，加以分析，形成结果，再将其以信函问询的方式咨询有关专家。这样进行几次循环，每次调查专家都可以根据上次的结果改进自己的答案，或者坚持不变，并注明原因。使用这种方法前期需要做细致的工作，制定有针对性的调查表，并采用科学的方法进行归纳、分析。德尔菲法是与专家进行沟通，并收集反馈意见，将专家的意见归纳总结，反复沟通，使得专家的预见趋于接近甚至一致，接近实际情况。德尔菲法具有反馈性、匿名性等特征，在短期市场预测和长期市场预测中都能够发挥良好的作用。其预测步骤为：①确定咨询专家；②制作调查问卷表；③归纳专家意见、反复沟通；④得出结论。

专家预测法的特点：（1）参与回答问题的专家必须是所调查问题相关领域的行家，要求其必须具有相应的专业知识和业务背景，在此领域有深厚的研究和分析的经验，同时具备独立判断能力。（2）有些难以用模型或演示表现的因素，又缺乏原始资料和足够的数据做基础，可以得出定量估计。

专家会议法又称专家会议调查法，要求有关专家开展会议，将要预测的目的和要求向与会专家说明，并介绍相关的背景、因素等，请专家进行讨论，对未来的前景做出预测和估计。然后再将会议结论提交给组织者，由组织者分析判断，对未来做出量的推断。采用专家会议法进行市场预测应特别注意以下两个问题：（1）选择合适的专家。一方面，专家必须是相关领域的研究者，另一方面，专家的人数要恰当，且具有丰富的专业知识和经验。（2）预测组织者的工作方法要科学。专家会议预测法要求组织者具备很强的组织能力和表达能力，而且对讨论问题有全面的了解和研究。组织者在会前要向专家提供与讨论问题相关的背景资料、调查方向等，说明会议规则和具体要求，使专家在参会前做充分的准备。会议主持人要具有较高的素质和水平，创造良好的会议氛围，使专家能够充分发言。要安排专人进行会议记录，并在会议结束后进行总结，科学合理地归纳整理专家意见，得出简洁、准确的结论。

（六）神经网络预测法（NNs，即 Neural Netwroks）

神经网络（NNs）是人工神经网络（ANNs，即 Artificial Neural Netwroks）的简称，有时也被称为连接模型（Connection Model），模型通过模仿动物神经网络行为特征和复杂的网络系统处理大量并行信息及其调整大量接点之间的关系，从而实现信息处理和目标预测。由于神经网络涉及数学、统计学、计算机、人工智能学、脑神经等多个学科，不同的学科对神经网络有不同的认知，因此各个学科对神经网络有各自的见解，目前广为接受的神经网络定义是芬兰赫尔辛基大学科霍嫩（T.Kohonen）教授的定义，"神经网络是由具有适应性的简单单元组成的广泛并行互连的网络，它的组织能够模拟生物神经系统对真实世界物体所做出的交互反应"。

与目前的冯诺依曼式的计算机工作方式相比，人的神经网络系统有三个方面的优势。第一，计算模式的并行性。在冯氏计算机系统中，所有的指令程序必须集中到 CPU 中逐条执行，信息处理方式串行的，而人脑在处理决策信息时，会同时调动存储在大脑中的多方面知识、经验，并行处理各种信息迅速地做出反应，人脑中有巨量的神经元，据研究总体数目在 100 亿～1000 亿个，这些神经元有无数个连接，它们提供了海量的存储功能，在需要时能够及时而迅速地做出反应。第二，人脑神经元存储和处理功能合为一体。冯氏计算机的存储内容和地址是隔离的，处理信息的程序是必须首先找到存储地址，然后再查看存储内容，如果硬件发生故障，则所有的信息都无法恢复，人脑神经元同时有存储信息和处理信息的功能，在调用信息时，无须寻找信息的存储地址，即使发生大脑被撞伤等外部硬件故障时，仅仅是部分涉及的最严重的存储信息丢失，而其他部分信息可能仍然有效。第三，人脑具有自适应性和自学习能力。冯氏计算机只能照本宣科地按照人类预先编好的程序和指令清晰地执行相应的逻辑计算和数学计算，而人脑神经元能够通过其内部组织不断适应外部环境的变化，高效率地处理模糊的、随机的问题，并随时根据外部环境的变化做出相应调整。

人工神经网络是对人类大脑系统的一种描述，简言之，人工神经网络是一个可以用电子线路来实现或者计算机程序模拟的数学模型，这是人工智能研究的一种方法。有关人工神经网络理论的研究起源于20 世纪 40 年代美国心理学家麦卡洛克（McCulloch）和数学家皮茨（Pitts）提出的 M-P 神经元模型，他们把神经元当作一个逻辑器件来对待，其 1943 年论文《神经活动中所蕴含思想的逻辑活动》提出的神经元模型是神经元理论研究的先驱。七年之后，加拿大生理心理学家赫布（D.O. Hebb）在其《行为的组织：一种神经心理学的理论》一书中提出了神经元之间连接强度变化的学习规则，也就是赫布学习法则。赫布提出学习过程最终是发生在神经元之间的突触部位，突触联结强度会随着突触前后神经元的活动而发生变化，两个神经元的活性之和决定了变化量的大小。赫布学习规则中的提取训练集的统计特性与人脑观察和认识世界的过程是一致的，其学习规则中的将输入信息按照相似程度分类与人类在认识世界中根据事物统计特征分类的现象是统一的。该规则为神经网络的学习算法奠定了基础，在该规则的启发下，人们为适应不同的网络模型的要求提出了各种学习规则和算法，学习算法能够调整神经网络连接权重以及构造客观事件的内在表征。1952 年，生理学家霍迪金（Hodykin）和数学家贺胥黎（Huxley）建立了著名的 Hodykin-Huxley 方程。上述研究为神经计算奠定了基础。1958 年，罗森布拉特（F. Rosenblatt）等人研制出了历史上第一个感知机（Perceptron），同时他还证明了一种学习算法的收敛性，随后罗森布拉特（Rosenblatt）和威德罗（B. Widrow）等人构建了另外一种类型的能够学习的神经网络处理单元 Adaline 并为 Adaline 设立了一种有力的学习规则，该规则至今仍被广泛应用。此外，斯泰因布赫（K. Steinbuch）研究了称为学习矩阵的一种二进制联想网络结构及其硬件实现。1969 年明斯基（M. Minsky）和佩珀特（S. Papert）出版了《感知机》一书，该书深入分析了单层神经网络并从数学逻辑上证明了该种网络功能的有限性，不能解决诸如"异或"逻辑等简单的逻辑运算，他还怀疑了多层网络的可行性。该书悲观的结论对 20 世纪七八十年代的神经网络的研究产生了消极的影响。1982 年，美国加州理工学院的生物物理学家霍普菲尔德（Hopfield）提出了 Hopfield 神经网络模型，他通过定义的计算能量函数求解了旅行销售商问题。Hopfield 模型提出后，许多学者尝试着扩展该模型，使得模型与人脑更为接近。1983 年，塞诺斯基（Sejnowski）和辛顿（Hinton）研制出了 Boltzmann 机。日本的福岛邦房在罗森布拉特（Rosenblatt）的感知机的基础上创造了可以实现联想学习的认知机。科霍嫩（Kohonen）应用 3000 个阈器件构造神经网络实现了二维网络的联想式学习功能。

　　当前，人工神经网络的理论和应用研究如火如荼。日本制定的人类前沿科学计划中，有关人类大脑以及学习借鉴人脑研究新一代计算机是重要的组成部分。在美国，神经网络的研究得到了美国当局的大力支持，这些部门包括美国国防部、海军研究办公室、空军科研办公室等。美国国防部高级研究计划局（DARPA）成立了相关的指导委员会，并制定了一个长期的八年研究计划研究人工神经网络，海军研究办公室（ONR）、空军科研办公室（AFOSR）、美国国家科学基金会（NSF）、国家航空航天局（NASA）等对人工神经网络研究高度关注并且投入巨资。美国国防部高级研究计划局认为神经网络可能是解决机器智能的最可能的唯一希望，该技术可能是比原子弹工程更重要的技术。

我国对于人工神经网络的研究始于 1986 年，先后召开了多次非正式的神经网络研讨会。1990 年 12 月，中国神经网络首届学术会议在北京召开，这次会议开启了我国人工神经网络研究的新纪元。该学术会议是由中国计算机学会、电子学会、人工智能学会、自动化学会、通信学会、物理学会、生物物理学会和心理学会等八个学会联合主办的。近年来应用神经网络预测的研究大量铺开，截至 2016 年 9 月以"神经网络"和"预测"为关键词在中国知网搜索 2000 年以后的相关研究，发现有 3177 条精确搜索结果，其中预测事件涉及经济、社会生活的各个层面，如电信客户的流失、普通高校的招生、钢铁价格、粮食产量、旅游人数、热油管道能耗、区域物流需求、股票价格、烟草病害预测等。

人工神经网络的工作流程如图 2.3 所示，它作为一种计算机建模工具与传统的计算机建模方法相比具有明显的优势，包括以下几个方面：（1）自适应性。人工神经网络具有学习能力，给人工神经网络输入输出模式时，可以通过自我不断调节从而达到最小化误差，系统对于无法参数化的因素可以通过训练自动总结规律。（2）外推性。人工神经网络有良好的外推性，能够迅速地将在部分样本中学到的知识推广到全部样本中。（3）容错性。如果输入输出模式中混入了错误信息，对整体结果的影响并不严重，人工神经网络对噪音及其不完全信息的敏感度比较低，在实证模型中，每个变量都非常重要，但在人工神经网络中，一个节点仅仅反映了问题的微小特征，因此，某一个节点输入带有噪音对整个神经网络并不会产生严重的影响。由于人工神经网络与实用性较差的经验模型相比在处理不完善问题方面表现出更大的优势，所以人工神经网络在做出归纳和得出结论方面更加有效。（4）多变量模式识别性能。人工神经网络包含了大量的模式识别，能够出色地完成多变量模式识别。（5）迅速在线应用性能。人工神经网络的训练完成以后，对于某一个给定输入能够在短时间内迅速地计算出结果，因此可以用于控制系统的在线应用。（6）自动功能。人工神经网络能够自动对数据进行训练并确定因果关系。

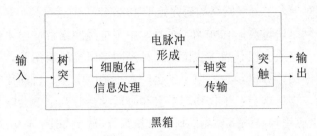

图 2.3　人工神经网络工作流程示意图

资料来源：刘长安，《人工神经网络的研究方法及应用》讲稿，百度文库。

　　与其他类型的计算方法相比，人工神经网络具有一些明显的优点，但它并不是万能的。对于一个明智的工程技术人员来讲，在应用人工神经网络时，应同时了解其优点与局限性，以便能更好地确定人工神经网络对特定问题的适用性。人工神经网络存在以下几方面的局限性：（1）训练复杂，耗时长。人工神经网络对训练时长有一定的要求，即使一些简单问题的网络训练也要上千次迭代，至于复杂问题的训练可能需要多达数万次迭代，网络的大小决定训练的时长从几个到数十个小时。（2）需要足量的数据用于训练。有关问题的输入—输出数据的多少决定了人工神经网络是否适用，如果输入—输出数据较少，则不考虑使用人工神经网络。（3）无法保证最佳结果的输出。反向传播作为调整网络的一个富有创造性的方法，无法确保网络能恰当地工作，训练可能导致网络发生偏离，使之在一些操作区域内结果准确，而在其他区域则不准确。（4）可靠性无法完全确保。所有的预测方法都存在该类问题，但人工神经网络尤其如此，如在疾病诊治过程中，对于某些疾病，误诊率可能只有 2%，而对同一问题的其他病症，误诊率可能高达 40%，严重的是事前无法知晓哪类故障比其他故障更容易出现误诊，因此对于要求 100%准确性的问题，在采用人工神经网络预测时需要尤其慎重。（5）传感器故障导致的采集数据错误等操作性问题可能会显著影响到人工网络的使用效果。

人工神经网络与经典计算方法相比并没有较大优势，但在经典方法手足无措时人工神经网络显示出巨大的优越性，尤其是问题原理未知或者无法用数学模型刻画的系统，人工神经网络是最为有利的工具，对于那些存在海量原始数据却无法用统一的规则或者公式描述的问题，人工神经网络展现出巨大的灵活性和自适应性。

三、预测市场

目前，在我国公开发表的相关文献中没有预测市场相关的研究，维基百科对预测市场的定义是："预测市场也称为预测性市场、信息市场、决策市场、思想期货、事件衍生物或虚拟市场，是以预测为目的的投机性市场。当前的市场价格可以解释为事件发生概率的预测或参数期望值。例如，如果某一候选人当选则预测市场中相关的证券的价格收益是 1 美元，如果一个人认为该候选人有 70%的当选概率，则他应该对该证券支付的价格不高于 70 美分。在预测市场中参与人通过低买高卖获得收益，高买低卖的人在市场预测过程中收益上承受损失。"

预测市场作为一种新兴的预测工具，在未来事件的预测中表现出出人意料的预测绩效，目前的证据表明，在预测同一个事件上预测市场与其他的类似参与人参与的预测工具相比至少有一样的精确性（阿姆斯壮，Armstrong，2011）。根据施里贝尔（Schrieber，2004）的总结，预测市场相对于其他预测工具存在以下几方面的优势。

（一）准确性（Accuracy）

经济理论表明有效市场价格是未来事件最可能的预测者。实验室实验已经证明，预测市场预测绩效和表现最好的个人预测绩效一样良好；实践中，预测市场已经被证明是优于民调、专家调查、高级统计方法以及考虑将专家融入基于统计分析的预测方法。这些市场并不受到所汇聚信息的来源和类型的影响，即使在复杂的情形下也能够良好地汇聚信息，比如相关信息高度分散在不同参与人中的情况。

当参与人预测错误时，预测市场能够自动消耗参与人的账户金额以惩罚不准确的预测。账户金额的变化给预测者一个物质上的激励，通过市场价格对预测者施加了更多的影响。预测权重的自然分配和参与者的匿名性使得预测市场能够通过抑制强势的个性特征或者强势个体偏离基于一致同意的预测来消除错误方向上的偏差。

（二）即时性（Immediacy）

预测市场能够连续地反映参与者的知识并能够随着新知识的产生迅速将其消化。预测市场中，人们会因为以交易的形式应用准确的内部信息的行为而即时得到回报。因此，基于市场的预测无须等待下一次定期汇报、员工会议或者委员会授权来反映重要的信息。即使"坏消息"在该市场中也会被立即共享，因为匿名参与人会忽略掉丑闻和其他负面影响信息的可能性。

因为预测市场能够迅速地在价格中消化新的信息，所以市场能够连续反映未来最可能的预测。如果企业经营过程中能够利用这种连续预测的优势，公司就可能根据最可能的信息进行其决策。如果一个制造商用每月预测确定其生产计划，如果企业环境在官方预测公布之后和既定生产之前发生变化，预测市场能够使得工厂迅速地做出反应。

（三）洞见性（Insight）

预测不可避免地产生错误，因此每个组织都应该清楚地估计每个预测本身的风险，积极制定恰当的决策以减少可能带来的危害。除了点估计，预测市场还能对风险变化和概率分布提供有价值的洞见。进行市场需求预测时，需求的概率分布信息可能对供应合同、产能和存货规划的负责人有至关重要的意义。

预测市场也能为经理们提供洞见。例如，市场能够很容易地估量出一个特定信息进入对预测结果的影响。如果市场参与人获得了新信息后，合约的价格上涨 20%，可以推断出新信息对期望结果的重要性。此外，账户金额也能够用于识别到底哪一个个人或者组织掌握了预测或者预测集的相关信息。这可能会让经理们重新考虑决策过程。

（四）易扩展性（Scalability）

当信息的来源和类型发生变化时，目前企业使用的大多数预测方法无法及时调整。预测市场能够迅速将无限数量的信息传递到未来事件的精确评价中去，同时，不同于其他的传统预测方法，预测市场能够有效地处理信息的数量和参与者数量的增加，事实上，交易人数和交易量的增加反倒能够使得预测更加准确。由于互联网的存在，预测市场也有能力汇聚来自任何时间和地点的信息，这令大型企业让所有掌握信息的员工有机会对预测过程做出贡献变为可能。

（五）激励性（Incentive）

预测市场有良好绩效的最重要的原因是市场建立的反馈机制和激励结构。基于预测绩效可能的收益和损失对预测过程存在显著的正效应，预测市场对通过交易分享有助于精确预测的信息的交易者给予金钱回报，激励着人们及时分享相关的信息，抑制隐瞒信息的个人动机和政治动机，吸引知情个人参加到预测过程中来，并不鼓励那些有错误信息和直觉的个人进入市场中来，鼓励人们慎重地对待决策过程，促使参与者去寻找获得信息的新途径，驱使个人诚实地评价他们的意见。

此外，一个企业能够方便地调整报酬机制来鼓励预测过程中的重视程度。例如，对企业绩效比较重要的预测可设计高的回报，相应的，使得参与者更加关注和搜集相关合约的信息，重新分配其努力水平。

第二节　预测市场的概念范畴、理论基础与实验室证据

一、预测市场的概念范畴

在预测市场中，收益是与未来未知事件联系在一起的，将收益和未来事件联系在一起的机制设计能够诱导出市场预期各种不同的参

数。信息在预测市场中汇聚和分散，市场参与人信念随代表未来未知事件的证券价格变动而调整的过程刻画了市场对未知事件的感知过程，在该过程中可能产生对传统意义上"理性"的背离，这就绕不开市场参与人的信息、信念、贝叶斯更新法则、风险和不确定性、风险态度、不确定条件下的选择等。本书首先对预测市场研究中的核心概念进行界定。

（一）信息（Information）

信息技术层面的概念不同于一般意义上的概念，最早且广泛接受的技术概念是 1948 年山农和维纳独立地在通信理论中提出的，前者认为信息是被消除的不确定性；后者认为信息是物质、能量、信息及其属性的集合，是人类在不断适应和控制外部世界过程中同外部世界交换内容的名称。根据埃斯范迪尔马苏米（Esfandiar Maasourni）在帕尔格雷夫大辞典中的理解，信息的概念与"分布熵"密不可分，分布熵是不确定性和无秩序性的测度。本书中所讨论信息的含义是指能够根据条件概率原则有效地改变交易者后验概率的任何可观察的结果，其中，私人信息是指该信息仅能够被交易者自己观察到，公共信息指该信息能够被两个或者两个以上的交易者观察到。

（二）信念（Belief）

心理学意义上的信念是指人们按照自己确信的观点原则和理论行动的个性倾向，内在表现为人生观、世界观、学术观等方面的信仰，外在意义表现为坚定不移的态度、行为和志向。本书中讨论的是经济学意义上的信念，是人们在对未来不确定性状态是否发生，以多大概率发生的预先判断，广义上表现为预期的形式，具体化为人们对事件发生所持有的主观概率，如果在个体得到信息之前则为先验信念（概率），如果个体的信念在得到信息之后则为后验信念（概率）。

（三）贝叶斯更新法则（Bayesian Updating Law）

贝叶斯更新法则是英国学者贝叶斯提出的计算条件概率的公式，是统计概率中通过观察到的现象或者信息对概率分布主观判断进行修正的标准方法。本书中个体观察到信息后根据贝叶斯更新法则将先验信念调整为后验信念。个体中观察到的信息记为 O，状态 s 发生的主观概率根据公式（2.1）调整。

$$P(s|O) = \frac{P(O|s)P(s)}{P(O|s)P(s) + P(O|\overline{s})P(\overline{s})} \tag{2.1}$$

（四）风险和不确定性（Risk and Uncertainty）

风险和不确定性是两个既有联系又有区别的概念，两者都用来衡量未知事件，但风险是指决策者根据经验知识和观察到的信息能够比较准确地预知事件可能发生结果的情况，也就是说决策者知道未知事件的概率，广义上的不确定性是指发生概率小于 1 的事件，而纯粹意义上的不确定性是指决策者并不知道所有可能发生的状态以及各种状态发生概率的情况。比如一般情况下的股票波动即是风险，因为交易者可能根据该只股票的历史交易数据推断估计其价格变动情况，而由于新的投资计划宣布而引起的股票价格的变动便是纯粹意义上的不确定性，因为交易者无法知道新的投资计划的方案，即使知道方案也无法估计每种方案的概率。弗兰克·奈特在著作《风险、不确定性和利润》中将风险和不确定性之间的关系归结为"风险是可度量的不确定性，不确定性是不可度量的风险"。预测市场就是通过设计市场将不确定性转为风险的一种机制。

（五）风险态度（Risk Attitude）及其衡量

由于收益和风险紧密相关，个体在衡量一项金融资产的价值时自然而然地将风险和收益进行权衡，顾名思义，风险态度是个体对风险的态度，根据偏好的不同，个体被分为风险规避、风险中性和风险偏好型。风险态度的不同由效用函数的凹度体现，效用函数的凹度在经济学中有着丰富的含义，凹度越大，表明消费者越风险规避。如图 2.4 所示的效用函数中，一个风险规避的效用函数 $u(x)$ 上任意两点的连线都在效用函数的下方，M、N 两点所对应的 x 的效用的任意组合均小于 M、N 所对应 x 之间任意确定数值的效用。风险中性的个体表明个体对风险既不偏好也不厌恶，即效用函数是线性的，如图 2.5 中的效用函数的个体对风险持中立态度。如图 2.6 所示的效用函数中，函数是凸的，凸度越大，表明该个体越偏好风险。一个风险偏好的个体效用函数 $u(x)$ 上任意两点的连线都在效用函数的上方，M、N 两点所对应的 x 的效用的任意组合均小于 M、N 所对应 x 之间任意确定 x 的效用。效用函数的凸凹程度体现个体对风险规避或者偏好的程度的大小。

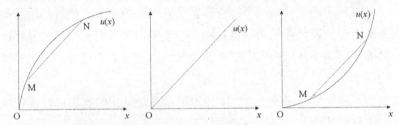

图 2.4　风险规避的效用函数　图 2.5　风险中性的效用函数　图 2.6　风险偏好的效用函数

根据阿罗（Arrow，1970）和帕拉特（Pratt，1964）的数学测度，风险态度由式（2.2）中 γ_A 测度：

$$\gamma_A(x) = -\frac{u''(x)}{u'(x)} \tag{2.2}$$

$u(x)$ 是个体的效用函数，风险态度 γ_A 是效用函数二阶导数和一阶导数的商的负数。如果资产交易者是风险规避的，则效用函数 $u(x)$ 为凹函数，其一阶导数为正，二阶导数为负，则 $\gamma_A > 0$；如果资产交易者是风险中性的，则其效用函数 $u(x)$ 是线性的，其一阶导数为正常数，二阶导数为 0，则 $\gamma_A = 0$；如果资产交易者是风险偏好的，则其效用函数 $u(x)$ 为凸函数，其一阶导数和二阶导数均为正，则 $\gamma_A < 0$。

常绝对风险规避（Constant Absolute Risk Aversion，简称 CARA），CARA 效用是一种常见的效用函数形式，也可以称为指数效用，对于一个正的常数 γ，效用函数形式如式（2.3）所示：

$$u(x) = -e^{-\gamma x} / \gamma \tag{2.3}$$

在上式中，边际效用的弹性为 $-\gamma x$，弹性替代率为 $1/\gamma x$。绝对风险规避系数为γ，因此，通常认为常绝对风险规避不如常相对风险规避更加合理。

常相对风险规避（Constant Relative Risk Aversion，简称 CRRA）代表固定不变的相对风险规避，该效用函数具有等弹性的形式，所以 CRRA 是 CES 的代名词。CRRA 或者等弹性效用函数通常如式（2.4）所示：

$$U(x) = \begin{cases} x^{1-\gamma}/(1-\gamma), & \gamma \neq 1 \\ \ln x, & \gamma = 1 \end{cases} \tag{2.4}$$

任意两点之间的弹性替代率都是相等的，为$1/\gamma$，边际效用弹性等于$-\gamma$，$\gamma = -\dfrac{u''(x)x}{u'(x)}$通常也被称为相对风险规避系数，因此该函数形式被称为常相对风险规避效用函数。

（六）风险条件下的决策

现实生活中的不确定性是人们面临的重要问题，如何在风险条件下做出决策在学术界也经历了从最初的期望值理论（Expected Value Theory，下文简称 EV）到随后的期望效用理论（Expected Utility Theory，下文简称 EU）再到前景理论（Prospect Theory，下文简称 PT）的范式演变过程。期望值是风险条件下行为或事件的所有可能结果的加权平均，其权重为结果所对应的概率，反映了事件结果的总体趋势或集中趋势，也就是事件的平均结果或结果的平均值。表现为$EV = \sum_{i=1}^{n} p_i x_i$，其中$p_i$为结果$x_i$的概率。1738 年尼古拉·伯努利（Nicolaus Bernoulli）提出的圣彼得堡悖论挑战了期望值理论[1]，期望值理论在解

---

[1] 参与人投掷硬币，如果出现正面则游戏结束，如果第一次投掷出现正面则参与人获得 2 元，游戏结束；若第一次出现反面，则继续投掷，第二次出现正面，参与人获得 4 元，游戏结束；这样直到参与人投掷结果出现正面为止，其获得收益是 2 的 n 次方，n 为投掷次数。按照期望值理论，每次的投掷结果获得的收益与其出现概率的乘积便可得到该游戏的期望收益，随着投掷次数的增加，其出现的概率会越来越小，但收益会越来越高，每一个可能结果的期望收益却是 1，这样，该游戏总的期望收益则为无穷大，显然没有人愿意为该游戏付出无穷大的购买价格。这就是所谓的圣彼得堡悖论。

释现实问题时表现出了它的无力。期望效用理论是 1944 年冯·诺依曼和摩根斯坦（Von Neumann & O. Morgenstern）在其著名的《博弈论与经济行为》（Theory of Games and Economic Behavior）一书中提出的不确定性条件下的决策分析框架，VNM 函数是对某一选择行为的各种可能结果所提供的效用的加权平均，其权重为各种可能结果发生的概率。换言之，期望效用是某一行为各种可能结果的期望值所提供的效用，期望效用的计算为风险条件下不确定性收入与无风险条件下确定性收入提供了可以比较的基础。期望效用表现为 $EU = \sum_{i=1}^{n} p_i u(x_i)$，$u(x_i)$ 是对可能的结果 x_i 产生的效用，p_i 为结果 x_i 发生的概率。在期望效用理论中，概率作为效用函数的权重是线性的，现实决策中概率的线性却不一定成立，1953 年阿莱斯提出的阿莱斯悖论[①]对期望效用理论提出了严峻的挑战，阿莱斯本人也没有对阿莱斯悖论给出令人信服的解释。直到 1979 年，卡尼曼和特维斯基在《计量经济学》杂志上发表的《前景理论：风险条件下的分析》对期望效用理论提出了批评，并提出替代性模型前景理论，该书开启了行为经济学的大门，是目前经济学文献引用率最高的文献。根据前景理论，前景的总收益由价值函数（Value Function）和权重函数（Weighting Function）两部分组成，对于价值函数，存在反射效应（Reflection Effect）和参照点效应（Reference Point Effect），反射效应意味着价值函数在正收益部分是凹的，而在损失部分是凸的，即个体在收益部分是风险规避的，在损失部分是风险偏好的，个体在正前景之间的偏好是负前景之间的偏好的镜像，偏好在参照点处发生逆转，且人们对损失比对收益更加敏感。前景理论的计算是每个结果的价值 $v(x_i)$ 乘以决策权重，决策权重的值

---

① 阿莱斯在 1953 年做了这样一个实验，两个投资机会，A. 确定能够得到 3000 元；B. 80% 的概率能够获得 4000 元，20%的概率什么也得不到。对于大多数人偏爱前者，即 U（3000）>0.8U（4000）。对于另外两个投资机会，C. 25% 的概率能够获得 3000 元，75%的概率什么也得不到；D. 20% 的概率能够获得 4000 元，80% 的概率什么也得不到。大多数人偏爱后者，即 0.25U（3000）< 0.2U（4000），不等式两边分别乘以 4 则得到 U（3000）<0.8U（4000），显然，这与投资机会 A 和 B 得出的结论 U（3000）>0.8U（4000）恰恰相反，这就是阿莱斯悖论。

并不是结果本身的概率，而是概率的函数 $\pi(p_i)$，π 是 p 的增函数，且 $\pi(0)=0$，$\pi(1)=1$。人们往往高估小概率事件，低估比较可能发生的事件。当概率很小时，π 是 p 的次可加函数，即有 $0<r<1$，$\pi(rp)>r\pi(p)$。前景理论能够解释很多原来期望效用理论无法解释的现象，将风险条件下的决策向前推进了一大步。

二、预测市场的理论基础及其理论模型

对于预测市场最早的研究来源于人们对赌马市场的观察，经验数据表明，参赛马匹在市场中的赔率很好地诠释了该匹马赢得比赛的概率，能否设计一种市场机制使得未来事件在市场中交易，交易价格对事件发生的参数做出诠释呢？经过几十年的发展，预测市场理论基础和理论模型取得了较大的进展。

（一）预测市场的理论基础

预测市场机制的本质是利用了市场汇聚信息的功能，在预测市场中，市场价格机制将分散在大众中的信息汇聚、传播，研究者可以从精心设计的市场中的证券价格了解未来未知事件发生的各类参数，如概率、概率分布、均值、中位数等。从哈耶克假说、理性预期和有效市场假说中能够看到预测市场机制有效运转的理论根基。

1. 哈耶克假说（Hayek Hypothesis）

哈耶克（Hayek，1945）在《美国经济评论》发表的《知识在社会中应用》一文中指出，我们面临的主要问题不是在已经知道所有的相关信息的条件下，从已知的偏好体系出发来计算社会的最优化问题，社会经济计算所依赖的知识和信息从来没有全部赋予一个能由其得出结论的头脑，有关各种情况的具体知识，从来没有以集中或者完整的形式存在，而是以分散甚至时常矛盾的形式为各自独立的个人所掌握，因此社会经济问题就不仅仅是如何分配有限资源的问题，更为重要的是如何确保充分利用每个社会成员所掌握的信息。也就是说经济社会的主要问题是如何利用所有人掌握的知识，而这些知识并不是整体赋

予某一个人的。哈耶克进一步指出，科学知识并不是全部的知识，社会中仍然存在很多相当重要但未被良好组织的有关特定时间和具体地点的知识，尽管这些知识不能成为一般意义上的科学知识，但这些知识使得掌握它们的人具有了相对其他人的优势。基于该知识和信息的决策只有由掌握该信息知识的人做出或者是在他的积极参与帮助下，该知识才能被充分地利用。哈耶克认为在社会中普遍存在重视科学技术知识轻视甚至蔑视社会知识的现象，尤其是在一些经济学家的认知体系中所有的关于特定时间或者特定地点的社会知识通常是"给定"（given）的，在大众观点里社会知识应该理所当然地容易被相应的人所获得，而事实上，社会知识获得是很困难的，如何将社会知识最大可能地容易获得是社会面临的最主要的问题。哈耶克认为市场价格机制比任何中央计划者或者委员会更能够有效地利用分散在社会大众中间的知识，价格机制实际上是一种信息交流体制，其最重要的特点就是对其运行所需要的知识的节约，价格体系中的参与者不需要掌握全部知识就能采取正确的行动，价格体系中的关键知识和信息会通过简短的形式借助某种符号传递给相关的人。哈耶克的极少的交易者就能够使市场有效运转的假说被史密斯（1982）称之为哈耶克假说。哈耶克假说正是预测市场能够有效运转的理论基础。

2. 理性预期（Rational Expectation）

穆斯（Muth，1961）最早引入了理性预期的思想，该思想认为，参与人预期的形成过程中已经利用了所有可能利用的信息，他们对经济系统中各种经济变量的预测能力和所谓真实模型的预测结果一样精确。理性预期模型假定存在一个关于相关变量的先验概率联合分布，在参与人没有犯系统性错误的情况下他们关于内生变量和外生变量分布的主观信念与系统模型的真实条件分布相同。拉德纳（Radner，1967）提出了目前价格可以传递目前信息的想法，但是没有建立交易者如何利用当前信息修正后验信念的模型，其讨论没有涉及均衡问题。卢卡斯（Lucas，1972）和格林（Green，1973）各自独立地对理性预期均衡进行了讨论。此前的理性模型均是从内生变量反映外生变量的角度进行阐述的，而卢卡斯创造性地运用逆向思维由内生变量反推外生变量的逻辑，在两个阶段的证券市场模型中，拥有不同私人信息的交易者进入市场，交易形成的均衡价格反映了交易者的私人信息状况，交易者可能从均衡价格中反推其他交易者的私人信息。

理性预期包含两个方面的含义：一方面，交易者是"理性"的，理性的交易者能够从交易价格中洞悉其他理性交易者的全部私人信息；另一方面，理性预期是一种均衡状态，在这种均衡状态中，所有的交易者已经实现均衡没有重新签约的意愿，形成的均衡价格反映了所有交易者的私人信息，在外生条件没有变化的情况下，价格是稳定的。

3. 有效市场假说（Efficient Markets Hypothesis）

学术界普遍认为有效市场的研究源于对随机游走的观察，有效市场的概念第一次被清晰地提及是在吉布森（Gibson）所写的《伦敦、巴黎及其纽约的股票市场》一书中，吉布森（Gibson，1889）认为股票在公开市场中众所周知的价值就是对信息最好的判断。该书出版后的第二年马歇尔发表了其著名的《经济学原理》。1900 年法国数学家劳伦斯·巴施里耶在博士论文《投机理论》中通过构建随机过程模型来研究股价变化的随机性，他分析了法国商品市场价格，发现在固定的某一时间内商品价格的真实值与期望值差的均值为 0。这一发现表明商品的价格波动是没有规律可循的，所以市场参与者参与的是"公平博弈"，期望收益率为 0，因此他认为上期的商品价格是本期商品价格的无偏估计量，商品价格遵循布朗运动。巴施里耶的结论尽管有重大学术价值，但是其结论与当时主流经济学家的观点相左，另外，市场有效性除了需要数理模型推演之外仍然需要大量的实证检验，因此并没有得到足够的重视。这比萨缪尔森（Samuelson，1965）用鞅（martingale）的概念来解释有效市场早 65 年。五年后，在不知道巴施里耶研究的情况下，爱因斯坦提出了布朗运动的方程式。考尔斯（Cowles，1933）运用计算机技术将对市场有效性的研究从商品价格拓展到股票价格，通过几十年美国股票市场的经验数据发现股价变化的时间序列相关系数为零，因此认定美国股票市场的模式符合随机游走假说。沃克（Working，1934）、肯德尔（Kendall，1953）、哈里（Harry，1959）及奥斯本（Osborne，1959）继续对金融资产价格的随机游走现象进行了关注和研究。上述研究从现象层面进行观察，人们尝试着对金融资产的价格变化趋势符合布朗运动给出合理的解释，萨缪尔森（Samuelson，1965）和曼德伯罗特（Mandelbrot，1966）用数理模型证明了公平博弈和随机游走之间的关系，这为有效市场理论奠定了坚实的理论基础。萨缪尔森（Samuelson，1965）认为，金融市场中资产价格无规律可循的现象恰恰证明了完全竞争的市场中理性投资者不断利用新的信息套利，市场是充分有效的。如果市场是有效率的，那么所有能够影响资产价格的信息都会及时地反映在资产价格中，因为出现的信息是无规律可循的，所以金融资产的价格就无律可循，因此股票价格波动是布朗运动，是不可预测的。股票价格的随机游走是理性投资者对无律可循的信息的理性反应。

　　法码（Fama，1970）在美国《金融杂志》上发表的《有效市场：理论与实证研究回顾》提出并全面综述了有效市场的文献，该文被视为现代金融理论的奠基性文献，其对有效市场进行了全面的总结并提出了有效市场假说的理论框架。根据法码的定义，如果证券市场中金融资产的价格总能够及时、充分而准确地反映全部对价格有影响的信息，那么该市场就是有效的，新的信息之所以能够充分地反映在金融资产价格上是因为竞争使金融资产在不同均衡水平之间随机波动，新的信息所导致的价格波动是相互独立的。根据证券价格对信息的反应程度，法码提出了资本市场在不同信息环境的有效程度：（1）弱式有效市场（Weak Form Efficiency Market），在该市场中价格仅仅反映了价格历史中的信息，该市场中所有的投资者无法利用历史信息获取超额利益；（2）半强式有效市场（Semi-weak Form Efficiency Market），半强式信息有效市场中的有效状态被称为非显示理性预期（Nonrevealing

Rational Expectations，简称 NRE），是指当前的证券价格不仅反映了证券价格历史中的信息，还反映了与证券价格相关的公共信息，在该市场中，投资者不仅无法通过历史信息获得超额回报，也无法通过公共信息获得超额回报；（3）强式有效市场（Strong Form Efficiency Market），是指当前的证券价格不但反映了证券价格历史中的信息和证券相关的公共信息，而且还反映了所有交易者的私人信息，该种市场又被称为完全揭示理性预期（Full Revealing Rational Expectations，简称 FRE），市场中的交易价格和交易行为完全揭示了所有的交易者的私有信息。在强式有效市场中，投资者没有任何途径获得超额回报。

有效市场假说探寻了资本市场价格波动的规律，揭示了信息和价格两者之间的关系，它的提出奠定了研究证券市场的理论基础，在随后几十年时间里，有效市场理论和实证方面取得了长足的进展，理论体系日趋完善，同时催生了一系列相关理论，如资产资本定价理论、期权定价理论、投资组合理论等。有效市场假说认为市场能够充分反映所有的可得信息，同时投资者是完全理性的，该假说是理性预期学派"自由经济"思想在资本市场的反映，对西方国家政府对资本市场的不干预或者少干预行为提供了理论依据。詹森（Jensen，1978）认为没有任何一个经济学命题能够像有效市场理论一样获得如此坚实的实证检验基础。

当然有效市场假说也受到了信息经济学和行为经济学学者的质疑，主要集中在以下方面：第一，对理性投资者的质疑。在有效市场假说中，投资者是完美理性的，并有稳定一致的偏好，其偏好符合完备性和传递性，每个投资者都以最大化其自身收益为目标，能够准确地判断信息和各种投资策略带来的结果。即使存在非理性的投资者，从长期来看，他们也会在套利机制的作用下被淘汰出市场，总体投资者是理性的，市场是有效的。行为金融的证据表明，现实中投资者往往是有限理性的，他们可能有不同的风险态度，决策时可能会受到内部情绪和外部情境的多重因素的影响，因此决策过程中往往出现各种偏差，这使得市场有效性大打折扣。第二，对信息完全的质疑。信息经济学认为，证券市场中的信息是不完全的，同时信息在不同的投资者之间也是不对称的，证券市场信息不完全的属性激励投资者找寻、更新信息以获得信息租金，根据有效市场假说，证券市场信息有公共物品的属性，金融资产的价格是信息的反映，搜寻信息的投资者必然将自己的信息成本体现在股票价格中，激励未花费信息成本的交易者通过观察股票价格的变化来预测使得价格发生变化的信息集从而不断调整自己的投资策略，这样搜寻信息的投资者的收益降低，从而失去了搜寻信息的激励而随机选择证券，这时证券市场就缺少了均衡。第三，对套利者保证市场有效性的质疑。假说认为市场中套利机制的存在使得非理性交易者造成的偏差得以修复至其股票真实价值相一致的水平。成功套利的关键是无风险，通常情况下，套利者面临着不确定性，很多情况下套利者没有在卖出被高估的证券的同时找到合适的证券替代品，因此，套利者的存在无法保证市场的充分有效。

（二）预测市场的理论模型

预测市场作为一种预测方法，基本概念就是让有信息一组参与者通过互联网或者局域网进行交易，交易的对象是与未来事件相关的虚拟股票，股票的最终收益依赖于所预测事件的结果，股票的价格代表未来事件的发生概率、期望值等参数。预测市场通过股票合约的设计诱导了参与者对未来的估计或者信念。

斯潘（Span）和斯科拉（Skiera，2003）建立了一个预测市场（其文中称虚拟股票市场 VSM）的理论概念模型，在商业预测中应用虚拟股票市场的基本概念就是将未来的市场状况通过虚拟股票可表达化和可交易化。虚拟股票的现金红利（收益）依赖于所考察事件在时间 T 的实际发生结果。

$$d_{i,T} = \phi(Z_{i,T}) \qquad (i \in I) \tag{2.5}$$

其中，$d_{i,T}$ 是第 i 个事件在时间 T 结果对应的股票的现金红利，$\phi(\bullet)$

是转换函数，$Z_{i,T}$ 是第 i 个事件在时间 T 的结果，I 是时间集，T 为决定事件结果的时间或时刻。

式（2.5）表明虚拟证券的价值依赖于不确定性的事件结果。通常情况下 T 是提前确定的，比如总统大选投票结束公布选票时。转换函数通常有多种形式，而且是可逆的。转换函数的形式决定了预测市场中虚拟股票实施的合约类型，一种合约类型是指数型合约，政治股票市场中最常用的是某个特定候选人所获得的选票百分数乘以 1 美元来支付现金红利（Forsythe，Rietz & Ross，1999）。另外一种合约类型是赢者通吃型合约，该合约类型的函数转换形式的含义就是如果某一个候选人当选，则该候选人对应的股票的价格就是 1，否则是 0。

虚拟股票市场的单股股票价格应该为事件结果的总体期望，也就是折现后的每股现金红利，由于通常情况下预测市场的持续期比较短，因此 $T-t$ 可以看作 0。

$$\hat{Z}_{i,T,t} = \phi^{-1}(\hat{d}_{i,T,t}) = \phi^{-1}(p_{i,T,t} \cdot (1+\delta)^{T-t}) \qquad (i \in I, t < T) \qquad (2.6)$$

$\hat{Z}_{i,T,t}$ 是第 i 个事件结果在时间 T 中 t 时刻的期望值；$\phi^{-1}(\cdot)$ 是转换函数 $\phi(\cdot)$ 的逆函数；$\hat{d}_{i,T,t}$ 是第 i 个事件第 t 时刻点对应股票的现金红利的期望值；$p_{i,T,t}$ 第 i 个事件对应股票在时间 T 中 t 时刻的单位价格；δ 是折现因子，假定为常数。

市场中的参与人通过其对事件结果的个人推断和信念来计算相关虚拟股票的个人期望现金红利。相应地，市场参与者们将他们的期望现金红利与市场中总体期望 $\hat{Z}_{i,T,t}$ 比较，$\hat{Z}_{i,T,t}$ 作为股票价格 $p_{i,T,t}$ 的函数。交易者利用个人对事件的信念进行交易，例如，一个市场参与者认为下一个月某产品的销售量可能是 100 单位，如果单位产品对应的股票价格为 1 元，则该产品对应的虚拟股票的现金红利就是 100 元。当市场中的 $p_{i,T,t}$ 为 90 元时，意味着市场对该产品销售量的总期望结果 $\hat{Z}_{i,T,t}$ 是 90 单位，按照该参与人的信念，该产品对应的虚拟股票被低估 10 元，买进单股虚拟股票可以获得期望收益 10 元；相反当市场

中的 $p_{i,T,t}$ 为 110 元时，意味着市场对该产品销售量的总期望结果 $\hat{Z}_{i,T,t}$ 是 110 单位，按照该参与人的信念，该产品对应的虚拟股票被高估 10 元，卖出单股虚拟股票可以获得期望收益 10 元。预测市场中的虚拟股票组合为参与者在市场中根据个人信念进行交易活动创造了足够多的高能激励，市场参与者的最优策略就是根据其估计或信念来进行交易，买卖股票的价格能够真实揭示市场所有参与人对虚拟股票对应的事件的总体期望。

三、预测市场的实验证据

（一）市场功能的实验证据

哈耶克 1945 年认为极少的信息就能促使分散市场有效运转的思想被史密斯（1982）称之为"哈耶克假说"，该假说在实验室环境下得到了验证，史密斯发现，在口头双向拍卖交易定价机制下，即使信息分散，仅有几个买者和卖者也能够实现有效的竞争市场均衡。

1982 年，普洛特（Plott）和桑德（Sunder）也以双向口头拍卖作为交易机制，设计了 5 个单期的证券市场交易实验，每个交易者在实验开始之前被赋予一定的禀赋，该禀赋包括一定数量的现金和证券，在市场 1 中，部分交易者被告知有关自然状态发生的非确定性信息，这些交易者被称为内部交易者，交易者通过市场价格的变化来窥探发生的自然状态，完全揭示理性预期模型并没有得到充分的验证，而随后的市场中，部分内部交易者被告知自然状态的完美信息，理性预期模型才有了施展的空间，交易价格和分配才向完全揭示均衡收敛。实验 3 和实验 4 仍然用确定性信息，但使用没有交易经验的被试来验证，实验 5 把可能的 X 和 Y 两种状态增加到 X、Y、Z 三种，理性预期模型仍然表现良好，也就是，市场在将信息从一部分交易者传递到另一部分交易者过程中发挥出色，价格能够迅速向理性预期价格收敛。他们还发现了一个有意思的现象，内部交易者与没有信息的交易者相比，收益并没有显著区别。

在接下来 1988 年的一篇文献中，普洛特和桑德继续探讨理性预期模型的条件。他们发现即使在更加复杂的信息状态下，理性预期均衡也能够发生，即使交易者不知道确切的自然状态，但交易者可以"共用"（pool）信息，自然状态仍然可以在市场交易过程中被确定。市场本身的力量可以实现这样的结果，即使交易者之间无法直接沟通，且他们之间也没有激励单方面揭示自己知道的信息。实验结果表明，或有权益市场和统一红利市场汇聚分散信息的方式与理性预期模型非常一致，也就是说，市场一方面能够汇聚分散的信息，另一方面也承担了信息传递和解决冲突的职能。但在单一证券市场中，先验信息模型（Prior Information Model）和最大化最小值模型（Maximin Model）预测结果要优于理性预期模型。作者认为理性预期模型在或有权益市场中预测准确的原因在于，交易者对其他参与人偏好有一定的认知，这可能是理性预期模型实施的必要条件。

普洛特和桑德 1982 年和 1988 年的两篇文献的问世大大激发了其他研究者对市场功能以及信息在不同交易者之间传递方式的兴趣。

为了验证市场在多大程度上能够汇聚和传递信息，福赛思（Forsythe）和伦德霍姆（Lundholm，1990）在普洛特和桑德 1988 年实验的基础上做了部分改动，让收益表成为共同知识和增加被试的交易经验，这两个条件共同成为满足理性预期均衡的条件，而任意一个条件自身都无法单独成为充分条件，这也是普洛特和桑德实验单一市场不支持理性预期模型的原因。在第一天晚上的实验中，他们的实验结果与普洛特和桑德的结论类似，但在第二天晚上的实验中，交易者交换收益表获得了更多经验后，理性预期均衡出现。即使交易者对自己之外的交易者收益和所有市场参数有完全的信息，从市场交易数据中推断信息似乎也并不简单，可能是由于每一个交易者面对其他交易者行为的不确定性，因此，有共同经验的交易者能够更好地预测其他交易者的行为。该实验强调了经验对实现理性预期均衡的重要性，一旦交易者在双向口头拍卖中获得经验，他们在新的市场背景下做出推论就会更加迅速。

科普兰和弗里德曼（Copeland and Friedman，1992）在实验室资产实验中探讨信息的市场价值，比较了三种均衡理论对市场价值的解释力度，这三种理论分别为完全揭示理性预期均衡、私人信息均衡和非揭示理性预期均衡。完全揭示理性预期就是法码（1970）意义上的强式有效市场理论，也就是，资产价格和交易行为完全揭示了所有的私人信息，信息的价值为 0；私人信息均衡是交易者仅根据自己的私人信息做出决策,无法从交易的资产价格中推断出任何有价值的信息;非揭示理性预期均衡中，市场参与人通过自己的私人信息与或有权益证券价格来提炼他们的条件期望，非揭示理性预期中的信息价值大于0，但小于私人信息均衡中的信息价值。在简单环境下，实验数据支持了完全揭示理性预期模型，在更加复杂的环境中，半强式有效市场理论能够更好地解释实验数据。该结论有益于预测市场方法的发展，也就是非揭示理性预期均衡对市场的限制不高，即使在一个实验厚度不足够大且带有噪音的情况下，也有极大可能做出准确的预测。

上述文献中所提及的市场都是完全的，信息的成本也都为 0。桑德（1992）认为，在预测市场的应用实践中，掌握信息的交易者可以通过信息的买卖来获利。市场交易价格不仅取决于交易者的禀赋，另一方面也一定程度上决定着交易者的偏好，在一个不确定的世界中，价格和其他经济变量（如出价、报价、时间，资产的分配）有可能在一个交易者和另一个交易者之间传递信息。价格对信息调整的速度表明非价格变量可能在信息传递过程中发挥着重要作用。

（二）市场功能的"失灵"

市场并不是万能的，不少学者还对市场汇聚信息和传递信息功能的"失灵"状态进行探讨，如操纵市场行为、交易过程中的行为偏差、信息误解导致的从众行为和错误幻觉等。

市场失灵之一就是市场交易价格被操纵，也就是通过影响交易价格来影响事件结果。目前文献中操纵成功的案例非常少见，大多数市场操纵行为造成了市场的短期波动，但对最终事件结果并无深远的影响，尤其是政治选举市场。

作为某种形式金融市场的预测市场，研究其交易者行为不可避免地涉及人们的行为和心理，难免出现各种幻觉和偏差。卡默勒和魏格尔特（Camerer and Weigelt，1991）在其资产实验中的初期交易阶段经常发生持续的幻觉，这些幻觉可以被认为是市场价格信息推论的错误。交易初期，交易者还没有学会内幕和非内幕时期的价格路径，因此，会对其他交易者过度反应。由于交易者能够识别内部交易者的速度，在随后的几期中幻觉并没有频繁发生。希勒 2005 年认为信息瀑布（Information Cascades）等群体一致性行为显著影响着股票价格（Anderson & Holt，1997；Hung & Plott，2001；李建标、巨龙和刘桂林，2010；李建标、巨龙和任广乾，2011），可以为股票市场异常的市盈率提供解释，投资者可能在追随公共信息的同时会放弃个人信息，驱动股票市场的人类心理有影响其他市场的潜力。这些行为偏差（Behavioral Bias）同样影响着预测市场及其交易制度（Smith et al.，1988；King et al.，1993；Porter & Smith，1994；Lei et al.，2001），从而对预测市场的运行产生一定的负面影响。

第三节 预测市场的实践应用

经济理论表明，有效的市场价格能够用于未来事件的预测。实验室实验已经证明市场在汇聚分散信息层面的卓越表现。在应用层面，也证实了预测市场优于民意调查、专家观点、调查问卷、统计方法等传统预测工具。预测市场因其预测的准确性、对信息的灵敏性、对参与人的激励性、预测结果的洞见性等被广泛地应用于政治选举、宏观经济决策、体育赛事以及商业决策中。目前在商业决策中应用预测市场方法的企业有雅培实验室、安赛乐米塔尔、百思买、克莱斯勒、康宁、礼来公司、通用电气、惠普、英特尔、洲际酒店、微软、摩托罗拉、诺基亚、辉瑞、高通、西门子等（Cowgill，Wolfers & Zizewitz，2009）。

一、预测市场机制的合约类型

预测市场合约同股票市场中的股票一样是对预测市场中交易的有关未来事件的描述，通过对交易合约进行定义而实现对现实世界中未来事件的不同参数的估计，根据沃尔弗斯和齐策威茨（Wolfers、Zitzewitz，2004）和施里贝尔（Schrieber，2004）总结，目前的合约类型主要有赢者通吃型、指数型和对赌型合约。赢者通吃合约或者赢者通吃合约组合主要预测事件发生的概率或者概率分布。特定事件发生，一单位合约的收益为1，事件不发生则单位合约收益为0。指数合约报酬的值以连续的方式基于一个数值的升降变化，合约的价格代表市场指向事件结果的均值，指数合约组合还能够预测未来未知事件的发生方差。对赌合约中每单位合约的成本是固定的为 1，当事件结果大于某一个值时，收益为2，否则为0，交易价格即预示着事件结果的中位数。表2.1 指出了合约类型目标、类型、定义、举例、结果等。

二、爱荷华政治股票市场

爱荷华政治股票市场是实施最早和影响最广泛的预测市场，它是1988 年由爱荷华大学的三位教授组织实施的，受"有效市场假说"启发，他们借助实验经济学的方法，将总统大选候选人的合约像公司股票一样在市场中交易，通过合约价格的变化解读市场对总统候选人得票份额的预测。市场在 1988 年 6 月 1 日开始交易，对总统大选感兴趣的交易者以 2.5 美元的价格购买一手股票，该手股票包含老布什、杜卡基斯和"其他"的候选人的股票各一股，"其他"是民主党和共和党之外的第三党候选人。每只股票的价值在竞选结束后支付，支付价值为该候选人获得的大众选票的份额乘以 2.5 美元，比如老布什在竞选

表 2.1 目前预测市场合约的预测目标和类型

目标	类型	定义	举例	结果			
概率	赢者通吃	如果某事件发生则支付 1，否则支付 0。	中国人民银行决定在 2015 年 1 月 1 日前征收利息税。	交易价格 0.09，代表市场对中国人民银行在 2015 年 1 月 1 日前征收利息税的概率期望是 9%。			
概率分布	赢者通吃合约组合	实现的合约支付 1，其他合约支付 0。	在 2014 年 5 月 8 日某企业能够销售多少单位 x 产品，每个合约价格代表销售量落入某个区间的概率。	合约 C 代表销售额超过 200 单位的概率，价格 0.15 表明发生概率是 15%，如果实际销售量为 208，则合约 C 支付 1 美元，其他合约支付 0。	合约 / 范围 / 价格 / 概率		

合约	范围	价格	概率
A	<100	0.5	50%
B	100～200	0.35	35%
C	>200	0.15	15%

目标	类型	定义	举例	结果
期望值（均值）	指数	如果结果是 x，则合约支付为 x。	某总统在 2012 年总统大选中获得的大众选票份额是多少？合约价格的一分代表选票份额的 1%。	交易价格 0.54 代表市场对该总统获得大众选票的期望份额是 54%。如果实际得票率是 50%，1 单位合约最终的支付是每股 0.5 美元。
估计方差	指数	如果结果是 x，则合约支付为 x^2。	某总统在 2012 年总统大选中获得的大众选票份额是多少？合约价格的平方根是期望的大众选票份额。如果实际大众得票率是 50%。合约每股支付 0.25 元（0.25 的平方根是 0.5）。	交易价格 0.36 代表期望大众得票率是 60%（0.36 的平方根是 0.6）。方差指数 0.36 减去期望值指数 0.54 的平方即为市场对方差的期望，即 $0.36-0.54^2$（ $DX = EX^2 - (EX)^2$ ）。
条件期望值（均值）	指数	如果 Y 事件发生，x 是结果，则合约支付 x，否则是 0。	如果小米手机 2011 年 10 月 1 日以 1999 元人民币的价格投放市场，之后的三个月的销售量是多少？合约价格的一分代表 10 万台小米手机。	合约价格 0.28 代表市场期望的小米手机销售数量是 2.8 万。如果实际销售量是 8 万，则 1 单位合约支付 0.8 元。如果小米手机没有以 1999 元的价格投放市场，则所有的交易取消。

目标	类型	定义	举例	结果
中位数估计	对赌	成本为 1。如果价格超过结果的某个值，则支付 2，否则支付 0。	在 2012 年 12 月，产品 X 的销售量与产品 Y 销售量的差是多少？	如果合约价格是 1300，则代表 50%概率的结果高于或者低于 1300（注意每股的成本固定在 1 元，价格反映的是结果中位数的期望，而不是股价的成本）。
百分比	对赌	成本是 x，如果价格超过结果某个值则支付 1。	在 2012 年某一周对商品 X 的需求量是多少？交易价格反映 90%的可能性需求会超过那个值。	合约成本是 0.9，收益是 1。交易价格 850 代表 90%的可能性结果会小于 850。（通过改变合约的成本来选择具体的百分数）

资料来源：作者根据 Wolfers, J., Zitzewitz, E. Prediction markets[J]. Journal of Economic Perspectives, 2004,18(2):107-126 和 Schrieber, Jared M. The application of prediction markets to business，Massachusetts Institute of Technology. Engineering Systems Division. 2004 整理。

后获得了 60% 的大众选票，则市场给布什股票的持有者每股支付 1.5 （2.5×60%）美元。因此市场预期的某个候选人的选票份额就是价格除以 2.5 美元。同纳斯达克的股票市场一样，爱荷华政治股票市场实施双向拍卖机制，共 192 名交易者参加了市场交易，他们大多是收入中高等的男性白人，均受过良好的教育，有经管类的教育背景。市场预测相当准确，老布什、杜卡基斯和其他候选人实际分别获得了 53.2%、45.4% 和 1.4% 的大众选票，而基于 11 月 7 日市场交易预测的老布什、杜卡基斯和其他候选人的选票份额分别为 53.2%、45.2%和 2%。市场高估了杜卡基斯 1 美分，低估了其他候选人 2 美分。预测绩效远远优于盖洛普、华盛顿邮报、纽约时空等民意调查机构的预测结果。

爱荷华电子市场目前实施在线期货合约，合约的收益基于政治选举、公司股票的每股收益率等未来未知事件，它是一个教学和科研平台。

三、谷歌 IPO 市场

伯格、诺尹曼和里埃茨（Berg，Neumann and Rietz，2009）在谷歌 IPO 之前对谷歌上市后的市值设计了两个预测市场，该市场较为准确地预测了谷歌首日收盘价，基于拍卖的 IPO 价格比首日收盘价低15.3%，而谷歌预测市场给出的首日收盘价仅比首日收盘价高 4.3%。

股票市值 IPO 定价问题一直是学界和实务界的一个富有挑战性的难题，在 IPO 询价过程中企业向投资银行支付大量的人力、财力和物力，美国的承销费用大约占到募集资金的 7% 左右，同时 IPO 抑价——发行价格远远低于首日交易收盘价格——对企业也是代价高昂的。2003 年 10 月 24 日，华尔街杂志报道了谷歌可能 IPO 的新闻，2004 年 4 月 29 日，谷歌第一次向美国证监会提交了首次上市公开发行文件，紧接着对招股说明书进行了 8 次修订，第九版招股说明书2004 年 8 月 18 日被证监会批准，次日谷歌在二级市场上公开交易，开盘价100 美元，收盘价 100.34 美元。为了预测企业 IPO 后的价值，爱荷华电子市场 7 月 8 日到 8 月 17 日运行了两个市场——谷歌线性市场（Google Linear Market，下文称 GLM 市场）和赢者通吃市场（Winner-Take-All Market，下文称 WTA 市场）来预测谷歌上市后的市值，之所以预测市值是因为该市场在谷歌公布拟发行数量和发行价格范围之前已经开放。GLM 市场交易两个合约 IPO_UP 和 IPO_DN，如果 2005 年 3 月31 日之前，谷歌 IPO 没有发生，则 IPO_UP 的赎回价格为 0；如果 IPO 的市值 MC 在 0 和 1000 亿美元之间，则 IPO_UP 的赎回价格为$MC/10^{11}$；如果 IPO 的市值大于 1000 亿，则 IPO_UP 的赎回价格为 1美元。如果 2005 年 3 月 31 日之前，谷歌 IPO 没有发生，则 IPO_DN 的赎回价格为 1 美元；如果 IPO 的市值 MC 在 0 和 1000 亿美元之间，则 IPO_DN 的赎回价格为$(10^{11}-MC)/10^{11}$；如果 IPO 的市值大于 1000亿，则 IPO_DN 的赎回价格为 0。IPO_UP 的价格乘以10^{11}（1-IPO_DN 的价格然后乘以10^{11}）就是市场对谷歌基于首日公开发行收盘价的市值的预测。8月18日，GLM市场上收盘价为0.267美元，即GLM市场预测的谷歌IPO市值为267亿美元，基于8月19日首日公开交易收盘价计算的市值是272亿美元，基于8月18日IPO价格的市值为231亿美元，抑价15.3%。WTA市场合约对谷歌未来市值的分布进行了预测，在8月4日之前，该市场中有六个合约，分别为IPO_0-20、IPO_20-25、IPO_25-30、IPO_30-35、IPO_35-40、IPO_40。如果谷歌IPO的市值大于0小于200亿元，IPO_0-20的赎回价值是1美元，其他合约的赎回价值为0；如果市值大于200亿美元小于250亿美元，则IPO_20-25的赎回价值是1美元，其他合约的赎回价值为0；以此类推，如果市值大于400亿美元，则IPO_40的赎回价值是1美元，其他合约的赎回价值为0。8月5日，IPO_40被重新分割为三个合约IPO_40-45、IPO_45-50、IPO_50，市场共交易8个合约，合约的交易价格即是市场对谷歌价值落入某一区域的概率估计。8月17日，WTA市场估计的谷歌市值是283亿美元，比实际首日收盘市值高4%，而基于拍卖的市场价值却抑价15.3%。

利用预测市场帮助IPO定价并不意味着IPO预测市场能够替代路演、询价以及其他信息汇聚手段，而是在IPO过程中恰当地运用预测市场可以为IPO定价提供另外有效的信息，同时能够为股票发行方降低获取信息的成本。

第四节　预测市场文献述评

市场汇聚分散信息的能力已经被证实，分散在不同个体中的信息能够通过价格发现机制汇合和聚敛，但是市场汇聚分散信息的能力并不是完美的，可能会随着市场组织的具体细节和交易结构的不同而不同，这种能力存在并激励着更多的有关执行汇聚分散信息任务的制度和组织的研究。

　　预测市场作为执行市场汇聚分散信息功能的一种机制，在总统与州长选举、企业经营管理和赌马等博彩中表现出强大的预测优势，有关预测市场的研究来自于赌马比赛的灵感，每匹参加比赛的马都记为一张票，参与人也就是买家可以以一定价格买进每匹马一注或者数注，比赛中胜出的马票获得全部投注的金钱，每注赔率是总钱数与胜出马的总注数之比。大量实证场景证据表明，赌马中马的赔率与该马在比赛中胜出频率高度负相关，胜出希望越大的马，其赔率越低，胜出希望越渺茫的马，赔率越大。这种现象并不是完全绝对的，可能会存在最可能—最不可能偏差①，很多学者试图从不同的角度来解释这一现象（Snowberg & Wolfers，1995；Vaughn & Paton，1997），新古典经济学认为该现象是由于经济人的风险偏好行为，斯诺伯格和沃尔弗斯（Snowberg and Wolfers）的证据表明经济人对概率的错误感知导致了最可能—最不可能偏差，这与前景理论是一致的。

　　场景中的赌场预测市场机制很大程度上是为了娱乐的目的，主观上并不是为预测工具设计的，特定应用的预测市场虽然是为了预测的目的设计的，但其实验中的私人信息是研究者无法控制的，无法细致地观察信息汇聚是如何发生的，研究者无法知晓市场中交易个体掌握的私人信息，很多分析参数也就无法获得。赌场预测市场机制中的特定赔率所透露出来的信息可能仅仅被某一个或者某一些具有同样私人信息的个人所掌握，从应用预测市场场景实验中获得数据仅能够分析所预测目标的准确性，有关信息汇聚的本源性问题无法从数据中获得答案。目前有关赌场预测市场机制的实验室研究还不够丰富，赫莉（Hurley）和麦克多诺（McDonough，1995）以及皮龙（Piron）和史密斯（Smith，1995）对赌马实验中的特定现象进行了研究，前者对哈耶克假说和最可能—最不可能偏差进行了研究，后者对赌马中的风险偏

---

　　① 即 Favourite-long Shot Bias，该偏差在赌场中的含义是买家会低估最可能胜出的马的价值，而高估胜出希望较渺茫的马；在经济学中该偏差是指行为人会低估最可能发生的事件，而高估小概率事件，彩票购买行为是该偏差最好的例子。

好行为进行研究。普洛特、威特和杨（Plot、Wit and Yang，2003）在实验室中研究赌场预测市场机制，研究了两种环境下的信息汇聚问题，发现信息在两种条件下都能够汇聚，但在简单条件下理性预期模型是最适用的模型，而在复杂环境下基于私人信息的模型预测更加准确。在上述预定事件结果、控制信息方式的实验室实验中，并没有对市场中人口统计特征与预测准确性的考察，仍然有许多问题悬而未决。讨论实验室中预测市场的信息汇聚方式以及交易者人口统计特征对预测准确性的影响对于理解预测市场机制、设计合意的预测市场有重要的意义。

第三章 个人所得税免征额预测市场的实验研究

第一节 研究背景

富兰克林有一句至理名言，当今世上唯有死亡和纳税是不可避免的[①]。中国古代也有皇粮国税不可免的说法。个人所得税制度是国家对自然人的各项收入所得征收的一种所得税，它以在中国境内居住且取得收入的个人以及不在中国境内居住而从中国境内获得收入的个人为纳税主体，以个人的所得为纳税对象的税种，纳税对象的所得包括工资薪金所得、个体工商户的生产及经营所得、对企事业单位的承包经营所得、劳务报酬所得、稿酬所得、特许权使用费所得、利息股息和红利所得、财产租赁所得、偶然所得和其他所得。

个人所得税免征额[②]是我国完善税收体制和进行税制改革的个人所得税制度。改革开放以来我国的个人所得税免征额经历了以下几个阶段的发展。第一阶段，个人所得税免征额为800元。1980年9月10日第五届全国人民代表大会第三次会议通过《中华人民共和国个人所

---

① In this world nothing is certain but death and taxes.
② 起征点和免征额在严格意义上有不同的含义，起征点是征税对象达到开始征税的"门槛"，一旦纳税主体达到或超过纳税"门槛"后，其全部的收入都需要纳税，起征点是纳税主体达到征税数额开始征税的界限。如果纳税主体的收入数额尚未达到该"门槛"则无须纳税。免征额是在征税主体总额中免予纳税的部分。它是按照一定标准从纳税主体收入总额中提前扣除的数额。个人收入无论是否超过免征额，免征额部分都不予征收，国家只对超过免征额部分征税。本书提及的"个人所得税免征额"，即是大众广泛接受意义上的"个人所得税起征点"。

得税法》，该法是中华人民共和国成立以来颁布的第一部个人所得税法，其中第五条规定"工资薪金所得，按每月收入减除费用八百元，就超过八百元的部分纳税"。第二阶段为分区阶段，本国公民的个人所得税免征额为 400 元，而外籍公民的个人所得税免征额为 800 元。根据国务院 1986 年 9 月 25 日颁布、1987 年 1 月 1 日实施的《中华人民共和国个人收入调节税暂行条例》，对在中华人民共和国境内有住所、取得个人收入的中国公民征收个人收入调节税，对于工资、薪金、承包、转包、劳务报酬收入和财产租赁等收入按照超倍累进税率和比率税率征收，其中六类和六类以下工资区①以 400 元为调节税免征额，七、八类工资区以 420 元为调节税免征额，九、十类工资区以 440 元为调节税免征额，十一类工资区以 460 元为调节税免征额。第三阶段合并为 800 元阶段。1993 年 10 月 31 日，第八届全国人大常务委员会第四次会议通过了《关于修改〈中华人民共和国个人所得税法〉的决定》，把 1986 年和 1987 年国务院颁布的关于个人收入调节税和城乡个体工商户所得税的规定同 1980 年制定的《中华人民共和国个人所得税法》合并为《中华人民共和国个人所得税法》。第四阶段个人所得税免征额为 1600 元。2005 年 10 月 27 日，第十届全国人大常委会第十八次会议再次审议《个人所得税法修正案草案》，会议表决通过全国人大常委会关于修改个人所得税法的决定，个人所得税免征额设定为 1600 元，于 2006 年 1 月 1 日起施行。第五阶段个人所得税免征额为 2000 元阶段。2007 年 12 月 29 日，十届全国人大常委会第三十一次会议表决通过了关于修改个人所得税法的决定。个人所得税免征额自 2008 年 3 月 1 日起由 1600 元提高到 2000 元。个人所得税免征额以及当时的平均工资水平见图 3.1 所示。

---

① 工资区制度是计划经济时代的产物，起源于 1956 年，结束于 1993 年。1956 年的工资制度改革根据全国的自然状况、工资状况以及物价和生活水平，同时兼顾艰苦地区和重点地区，将全国分为 11 个工资区，每高一区，工资标准增加 3%。如新疆、宁夏、青海等属于 11 类工资区，北京市区、天津市区属于 6 类工资区，上海属于 8 类工资区等。

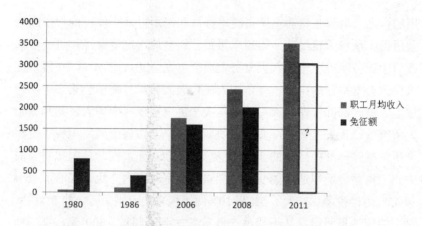

图 3.1　我国历年个人所得税免征额及其职工平均工资水平

资料来源：作者根据公布数据整理。

　　随着我国职工收入水平的不断增加，个人所得税免征额也不断提高，2006 年，全国职工月平均工资水平为 1750 元；2008 年，全国职工月平均工资增长到 2436 元，调整适应职工收入水平的个人所得税免征额成为个人所得税免征额税收制度亟待解决的问题。2011 年 2 月 27日，国务院总理温家宝在中国政府网和新华网同海内外网友进行在线交流时表示，提高个人所得税薪酬的免征额是 2011 年政府给老百姓办的第一件实事。从此时开始，个人所得税免征额的数值就成为不绝于耳的话题。多位专家表示个人所得税免征额可望从当前的 2000 元提高至 3000 元，且当时的九级税率也可能做出相应调整，减少税率档次扩大级差，从而降低中低收入者的税负。《中国经济名家讲坛》副理事长、中国管理科学研究院研究员李开发分析，个税免征额上调至 3000 元将使得 20% 以上就业人群的赋税负担减为零，对提高中低阶层收入意义重大。2011 年 3 月 2 日，国务院总理温家宝主持召开的国务院常务会议讨论了《中华人民共和国个人所得税法修正案（草案）》。修改个人所得税法对于加强税收对收入分配的调节作用和进一步减轻中低收入阶层的税收负担有重要的意义，因此有必要提高工资薪金所得减除费用的标准，调整工资薪金所得税率级次和级距以及个体工商户生产经营所得、承包承租经营所得税率级距。该会议决定草案经过进一步修改后由国务院提交全国人大常务委员会审议。2011 年 4 月 20 日，在人民大会堂举行的第十一届全国人民代表大会常务委员会第二十次会议上，财政部部长谢旭人对国务院关于提请审议《中华人民共和国个人所得税修正案（草案）》做了议案说明，草案拟将个人所得税工资薪金所得减除标准由当前的 2000 元提高到 3000 元，同时草案拟将当前中国工资薪金所得适用的 9 级超额累进税率减少为 7 级，取消了 15% 和 45% 两档税率，扩大了 5% 和 10% 两级税率的范围。第一档 5% 税率对应的应纳税所得额从不超过 500 元扩大到不超过 1500 元，第二档 10% 税率对应的应纳税所得额由当前的 500 元至 2000 元提升为 1500 元至 4500 元。此外，草案还扩大了最高税率 45% 覆盖的范围，将原税法的 40% 税率的应纳税所得额范围并入了 45% 税率中，加大了对高收入纳税人的调节力度。

据中国新闻网记者称，2009 年以来，我国共有 20 部法律公开征求意见，而 20 部法律征求到的意见数总和约为 14 万条。在 20 部法律草案中，民众参与度相对较高的是《中华人民共和国车船税法（草案）》，从 2010 年 10 月 28 日至 2010 年 11 月 30 日，一个月时间共收到意见 97295 条。2011 年 4 月 25 日，全国人民代表大会网公布了《中华人民共和国个人所得税法修正案（草案）》全文，向社会公开征集意见。消息公布后引起了社会广泛关注和热烈讨论，并且创下了首日就收到 10 万条意见的纪录，截至 5 月 31 日征求意见结束，共收到来自社会各界的意见 237684 条。对于有关个税改革的建议，主要集中在个人所得税免征额上调到 3000 元是否合理、对高收入者的征税力度是否足够等方面。在 23 万多条意见中，共 82536 人对个人所得税免征额发表意见，其中只有 12313 人赞同个人所得税免征额 3000 元，占 15%；要求修改 3000 元免征额的有 39675 人，占 48%；反对 3000 元免征额的有 28985 人，占 35%；持其他意见的 1563 人，占 2%，具体见表 3.1 和图 3.2。

表 3.1 公众对个人所得税免征额 3000 元的意见

意见	人数（人）	百分比（%）
赞成	12313	14.92
要求修改	39675	48.07
反对	28985	35.12
其他意见	1563	1.89
合计	82536	100.00

资料来源：作者根据公布数据整理。

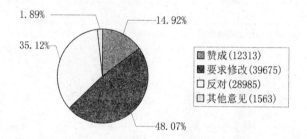

图 3.2 公众对个人所得税免征额 3000 元的意见

资料来源：作者根据公布数据整理。

个人收入是影响个人所得税草案初拟的免征额 3000 元意见的重要变量，不同收入人群对免征额的高低有不同的认知。对免征额持赞成意见的人群主要集中在月收入低于 3000 元和 3000～4500 元两个群体，该两个群体约占到全部赞成意见的 40%。月收入低于 3000 元的 13900 位民众对个税免征额 3000 元发表了赞成与否的意见，其中 3576 人表示赞成，约占 24%；月收入在 3000～4500 元的 23190 位民众对个税免征额 3000 元发表了赞成与否的意见，其中 3479 人表示赞成，约占 15%；月收入在 4500～7500 元的 20783 位民众对个税免征额 3000 元发表了赞成与否的意见，其中 2702 人表示赞成，约占 13%；月收入在 7500～12000 元的 13542 位民众对个税免征额 3000 元发表了赞成与否的意见，其中 1625 人表示赞成，约占 12%；月收入在 12000 元以上的 10211 位民众对个税免征额 3000 元发表了赞成与否的意见，其中 1417 人表示赞成，约占 14%，如表 3.2 和图 3.3 所示。

表 3.2　对个人所得税免征额 3000 元持赞成意见的民众的月收入分布

月收入分布（元）	发表意见人数（人）	赞成人数（人）	赞成比例（%）
<3000	14900	3576	24
3000~4500	23190	3479	15
4500~7500	20783	2702	13
7500~1.2 万	13542	1625	12
>1.2 万	10121	1417	14

资料来源：作者根据公布数据整理。

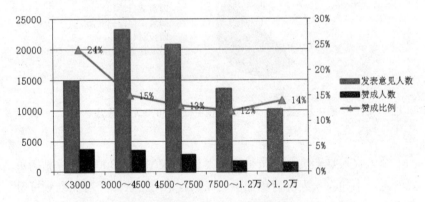

图 3.3　对个人所得税免征额 3000 元持赞成意见的民众的月收入分布

资料来源：作者根据公布数据整理。

本书选择个人所得税免征额作为实验市场的预测目标基于以下原因：第一，个人所得税关系到中国以工资为收入来源的工薪阶层，个人所得税免征额的高低影响到中国职工收入水平，因此其关注度比较广，从修正草案收到的意见条数创历史之最可见一斑，博客、微博、各大论坛充满了对个人所得税免征额的讨论和猜测，将个人所得税作为预测市场的目标有广泛的群众基础；第二，个人所得税制度是我国重要的财税制度，其准确预测对于企业、个人合理分配收入等决策有重要的参照意义。

第二节 相关文献研究

一、预测市场实践应用

最早研究且影响最深远的预测市场实践的文献开始于 1988 年爱荷华大学三位教授实施的爱荷华股票政治市场（Forsythe, Nelson & Wright, 1992）。受"有效市场假说"启发，他们借助实验经济学的方法，将总统大选候选人的合约像公司股票一样在市场中交易，通过合约价格的变化解读市场对总统候选人得票份额的预测。市场在 1988 年 6 月 1 日开始交易，对总统大选感兴趣的交易者以 2.5 美元的价格购买一手股票，该手股票包含老布什、杜卡基斯和"其他"的候选人的股票各一股，"其他"是民主党和共和党之外的第三党候选人。每只股票的价值在竞选结束后支付，支付价值为该候选人获得的大众选票的份额乘以 2.5 美元，比如老布什在竞选后获得了 60%的大众选票，则市场给布什股票的持有者每股支付 1.5（2.5×60%）美元。因此市场预期的某个候选人的选票份额就是价格除以 2.5 美元。同纳斯达克的股票市场一样，爱荷华政治股票市场实施双向拍卖机制，共 192 名交易者参加了市场交易，他们大多是收入中高等的男性白人，均受过良好的教育，有经管类的教育背景。市场预测相当准确，老布什、杜卡基斯和"其他"候选人实际分别获得了 53.2%、45.4%和 1.4%的大众选票，而基于 11 月 7 日市场交易预测的老布什、杜卡基斯和"其他"候选人的选票份额分别为 53.2%、45.2%和 2%。市场高估了杜卡基斯 1 美分，低估了"其他"候选人 2 美分。预测绩效远远优于盖洛普、华盛顿邮报、纽约时空等民意调查机构的预测结果。

爱荷华股票政治市场之后，预测市场开始在很多领域中实施，从美国总统选举到各州的议会选举，从好莱坞的票房数到奥斯卡获得者，从国际原油价格走势到宏观经济指标，从惠普公司某产品的销售额再到谷歌公司 IPO 后的市值，从英国每年一度的大学赛船到美国的超级杯橄榄球赛，甚至是流感的发生和萨达姆的下台，都是预测市场的预测对象（Forsythe，Nelson & Wright，1992；Forsythe，Nelson & Thomas，2008；Pennock，Steve & Lee，2008；Chen & Plott，2002；Berg，Neumann & Rietz，2009；Wolfers & Zitzewitz，2004）。目前在商业决策中应用预测市场方法的企业有雅培实验室、安赛乐米塔尔、百思买、克莱斯勒、康宁、礼来公司、通用电气、惠普、英特尔、洲际酒店、微软、摩托罗拉、诺基亚、辉瑞、高通、西门子等（Cowgill，Wolfers & Zizewitz，2009）。证据表明，预测市场至少与其他预测方法表现一样良好（Armstrong，2011）。

二、风险态度测度的相关文献

风险态度就是个体对风险的态度，区分交易者风险态度对于探索交易者行为动机有重要的意义。燕志熊和费方域（2008）认为区分投资者风险态度有助于降低企业的融资成本。

目前对个体风险厌恶进行测度的实验研究通常采用非互动的基于彩票选择的实验设计，根据个体在实验中的彩票选择行为推断个体的风险厌恶系数。Binswanger（1980）采用有序的彩票选择设计，测度了印度农村个体的风险厌恶系数。在实验中，每个被试都需要在排好顺序的八种不同彩票中选择一种作为决定自己收益的彩票，其中每种彩票中都包括低收益和高收益并且获得低收益和高收益的概率都为1/2，彩票收益分别为（50，50）、（45，95）、（40，120）、（35，125）、（30，150）、（20，160）、（10，190）和（0，200）。在被试选择结束后，根据被试选择的彩票通过扔硬币的方式决定该被试的收益，如果正面朝上则获得低收益，反之则获得高收益。实验结果表明，风险厌恶、风险中性和风险爱好的个体所占的比例分别为 82.2%、6.8%和 1.7%，无效样本比例为 9.3%。研究结论表明，彩票收益水平越高，则个体越厌恶风险并且在较低的激励水平时，性别、薪水等个体特征会影响个体的风险、厌恶程度。宾斯万格（Binswanger，1980）所采用的有序彩票对选择设计，在随后贝克（Beck，1994）、巴欠（Barr，2003）以及埃克尔和格罗斯曼（Eckel and Grossman，2002、2008）的研究中被用于识别或测度个体的风险厌恶，只不过所使用具体的彩票收益水平不同，被试需要在几种不同的彩票间做出选择，每种彩票中获得高低收益的概率都为 1/2 并且其中一种彩票的高低收益相同。以上采用有序的彩票选择设计实施起来比较容易，但是可能使被试产生"符号依赖"（Sign-dependent），因为其中一种彩票的高低收益相同，被试可获得一个固定数量的收益，这可能使得被试以此作为参照点来衡量选择的得失并且只能测度出被试的风险厌恶系数的一个区间。霍特和劳里（Holt and Laury，2002）采用多元价格序列设计测度了以美国学生为被试的个体风险厌恶，其彩票对选择见表 3.3 所示，该设计最早由米勒（Miller）等人（1969）用于测度个体的风险态度。被试在实验中需要在十对彩票中对每一对彩票做出选择彩票 A 还是选择彩票 B 的决定，其中所有十对彩票中，彩票 A 的高低收益分别为 2 美元和 1.6 美元，彩票 B 的收益都为 3.85 美元和 0.1 美元，从第一对彩票到第十对彩票，彩票 A 和彩票 B 的高收益的概率由 1/10 逐步增加到 10/10，而低收益的概率由 9/10 逐步递减到 0/10。被试选择结束后随机抽取一对彩票并根据被试在该对彩票的选择进行抽奖以决定被试的收益。实验结果表明，风险厌恶、风险中性和风险爱好的个体所占的比例分别为 66%、26%和 8%，并且收入和性别会影响个体的风险厌恶。

表 3.3　Holt 和 Laury 的衡量风险态度的彩票对选择表

序号	彩票 A	彩票 B
1	1/10 的概率获得 2.00 美元，9/10 的概率获得 1.60 美元	1/10 的概率获得 3.85 美元，9/10 的概率获得 0.10 美元
2	2/10 的概率获得 2.00 美元，8/10 的概率获得 1.60 美元	2/10 的概率获得 3.85 美元，8/10 的概率获得 0.10 美元
3	3/10 的概率获得 2.00 美元，7/10 的概率获得 1.60 美元	3/10 的概率获得 3.85 美元，7/10 的概率获得 0.10 美元
4	4/10 的概率获得 2.00 美元，6/10 的概率获得 1.60 美元	4/10 的概率获得 3.85 美元，6/10 的概率获得 0.10 美元
5	5/10 的概率获得 2.00 美元，5/10 的概率获得 1.60 美元	5/10 的概率获得 3.85 美元，5/10 的概率获得 0.10 美元
6	6/10 的概率获得 2.00 美元，4/10 的概率获得 1.60 美元	6/10 的概率获得 3.85 美元，4/10 的概率获得 0.10 美元
7	7/10 的概率获得 2.00 美元，3/10 的概率获得 1.60 美元	7/10 的概率获得 3.85 美元，3/10 的概率获得 0.10 美元
8	8/10 的概率获得 2.00 美元，2/10 的概率获得 1.60 美元	8/10 的概率获得 3.85 美元，2/10 的概率获得 0.10 美元
9	9/10 的概率获得 2.00 美元，1/10 的概率获得 1.60 美元	9/10 的概率获得 3.85 美元，1/10 的概率获得 0.10 美元
10	10/10 的概率获得 2.00 美元，0/10 的概率获得 1.60 美元	10/10 的概率获得 3.85 美元，0/10 的概率获得 0.10 美元

资料来源：Holt, A., Laury, K. Risk Aversion and Incentive Effects. American Economic Review, 2002, 92(5): 1644-1655.

霍特和劳里（Holt and Laury，2002）同样研究了激励对个体风险厌恶的影响，发现彩票的收益水平增加时，个体通常变得更加厌恶风险。Schubert 等人（1999）以及巴尔和帕卡德（Barr and Packard，2002）也同样使用了多元价格序列设计测度个体的风险态度，被试需要在多对二元彩票选择中同时做出决策并且其中一对彩票中的被试的选择会被用来抽奖以决定收益。该多元价格序列设计被认为存在两个主要的缺点，其一是可能产生一个框架效应，以使被试在中间那一对彩票后由彩票 A 转向选择彩票 B；其二是该设计只能测度出被试的风险厌恶系数的一个区间。但是安德森（Anderson）等人（2006）的实验证据却表明可能存在细微的框架效应，但不存在系统的框架效应，并且总的来说，多元价格序列设计提供了一个非常清晰的测度风险厌恶的方法，被试很少对激励产生混淆并且表现出真实的偏好。

第三节　实验设计及过程

一、实验设计

个人所得税免征额作为国家重要的税收制度，从理论上讲其公布的结果值可能是大于等于零的任意结果，故本书对个人所得税免征额事件结果进行了区间处理，即将 $[0,+\infty)$ 划分为 5 个连续的区间 $[0,3000]$、$(3000,3500]$、$(3500,4000]$、$(4000,5000]$、$(5000,+\infty)$，设计该五个区间主要是为了覆盖当时比较流行的猜测聚点 3000 元、3500元、4000 元、5000 元、8000 元、10000 元，由于 8000 元和 10000 元数值太大，考虑到个人所得税对国家财政收入的影响，其可能性并不大，并且区间过多可能导致合约市场稀薄的问题，故将两个点合并为一个区间，设计一个合约在市场中交易。5 个区间分别对应 5 个赢者通吃合约，即国家公布的个人所得税免征额落入该区间，则该合约在市场结束后获得 1（实验中是 100 实验币（G$）），否则为 0。在个人所得税免征额预测市场中总共交易了 5 个赢者通吃合约，分别记为 A、B、C、D、E，其含义见表 3.4 所示，5 个合约在交易系统中形成 5 个连续竞价双向拍卖市场。

个人所得税免征额预测实验分为两部分——实验室实验和局域网实验，实验室实验于 2011 年 5 月 8 日晚上 6 点在南开大学泽尔滕实验室导读室展开。实验室实验分为两部分：风险态度测验和个人所得税免征额实验说明讲解。风险态度测试实验在南开大学泽尔滕实验导读室中展开，实验主持人由实验经济学专业的教授或者博士生担任，由该研究方向的硕士生担任实验助手。来自南开大学、天津城市建设学院等的 36 名被试参加了风险态度测试，整个实验过程都是匿名的，被试在整个测试过程中都不允许有任何形式的交流。另外，风险态度实验采用真实的货币支付。

表 3.4　个人所得税免征额预测市场证券名称及其含义

合约名称	合约含义（ X 为全国人大常委会最终公布的个人所得税免征额）
A	如果 0 ≤ X ≤ 3000 ，合约 A 的交易结算价值为 100 交易币，否则为 0。
B	如果 3000 < X ≤ 3500 ，合约 B 的交易结算价值为 100 交易币，否则为 0。
C	如果 3500 < X ≤ 4000 ，合约 C 的交易结算价值为 100 交易币，否则为 0。
D	如果 4000 < X ≤ 5000 ，合约 D 的交易结算价值为 100 交易币，否则为 0。
E	如果 X > 5000 ，合约 E 的交易结算价值为 100 交易币，否则为 0。

资料来源：作者根据实验资料整理。

实验总体情况如表 3.5 所示，市场从 2011 年 5 月 9 日上午 9：00 开始至 6 月 30 日结束，共持续 53 天。6 月 30 日，第十一届全国人民代表大会常务委员会第二十一次会议表决通过了全国人大常委会关于修改个人所得税法的决定，根据决定，个人所得税从 2000 元提高到 3500 元，9 月 1 日起正式实施。

表 3.5　个人所得税免征额预测市场实验总体情况表

实验开始时间	市场开始时间	市场结束时间	持续天数	被试人数	男女比例	被试现金禀赋	被试股票禀赋
2011 年 5 月 8 日	2011 年 5 月 9 日	2011 年 6 月 30 日	53 天	36 人	21:15	10000 实验币（G$）	A、B、C、D、E 各 100 股

资料来源：作者根据实验资料整理。

2011 年 7 月 1 日，根据被试的注册信息通知前 20 名被试领取市场收益，市场收益等于所有被试手中的现金余额与其手中 B 股票的总数乘以 100 的和，本次实验采取按照排名计算收益的方法。第一名被试获得收益 100 元人民币，第二名被试获得 95 元人民币，第三名被试获得 90 元人民币，以此类推，第 20 名被试获得 5 元人民币。被试总收益共计 1050 元人民币，人均收益 29.2 元人民币。

实验中按照市场收益排名计算个人所得有以下几点优势：第一，这种按照排名计算收益的办法仅仅依赖于被试在实验中的实验币的排名，使得激励结构简单易操作，而且成本是固定的，因为所有被试的实验收益是一定的，无论对于实验经费的控制还是被试的预期收益都非常明确，对于被试而言，不会由于其交易行为产生负的收益；第二，这种激励结构能够促使被试通过提高收益来改变自己在整个实验中的收益排名，被试无法看到其他人的收益，理性被试的最优决策是通过自己的实验收益来提高自己的收益排名从而获得更多的现金支付，因此该激励方式与按照固定比例将实验币转换成现金的支付方式有同样的激励强度。

二、实验过程

（一）风险态度测试实验

全部被试到齐后，实验主持人宣布风险态度测试实验开始，实验助手让每名被试随机抽取一个带有编号的纸条，编号分别为 001，002，……，0036，此纸条是该部分实验获得收益的凭证。在正式实验说明开始之前被试需要填写 13 个决策情境，每个决策情境中都有两个二选一的彩票 A 和 B，A 彩票是有 50%的概率获得固定收益 600 G\$，50%的概率获得固定收益 0 G\$，B 彩票是一个固定收益。决策情境如表 3.6 所示，提前告知被试 13 个决策情境只有一个会被真实支付人民币。等到所有人做完决策后，实验主持人会从一个装有 13 个乒乓球的盒子中随机抽取一个球，盒子中的球分别标号 1，2，……，13，所抽中乒乓球的编号是真实支付人民币的情境。如果抽中球的编号为 i（i

为 1～13 之间的一个自然数），那么决策情境 i 就会被支付。如果被试在 i 情境中选择的是彩票 A，则通过掷骰子的办法决定，如果骰子为 1、2 或 3 点则被试得到 600 G$，骰子是 4、5 或 6 点被试获得 0 G$；如果被试在 i 情境中选择的是彩票 B，则其获得 i 情境中所对应的确定性收益。

表 3.6　被试风险态度测试表

决策情境	彩票 A	彩票 B	你的选择
1	1/2 的概率获得 600G$，1/2 的概率获得 0	确定性收益 80 G$	A□B□
2	1/2 的概率获得 600G$，1/2 的概率获得 0	确定性收益 100 G$	A□B□
3	1/2 的概率获得 600G$，1/2 的概率获得 0	确定性收益 120 G$	A□B□
4	1/2 的概率获得 600G$，1/2 的概率获得 0	确定性收益 140 G$	A□B□
5	1/2 的概率获得 600G$，1/2 的概率获得 0	确定性收益 160 G$	A□B□
6	1/2 的概率获得 600G$，1/2 的概率获得 0	确定性收益 180 G$	A□B□
7	1/2 的概率获得 600G$，1/2 的概率获得 0	确定性收益 200 G$	A□B□
8	1/2 的概率获得 600G$，1/2 的概率获得 0	确定性收益 220 G$	A□B□
9	1/2 的概率获得 600G$，1/2 的概率获得 0	确定性收益 240 G$	A□B□
10	1/2 的概率获得 600G$，1/2 的概率获得 0	确定性收益 260 G$	A□B□
11	1/2 的概率获得 600G$，1/2 的概率获得 0	确定性收益 280 G$	A□B□
12	1/2 的概率获得 600G$，1/2 的概率获得 0	确定性收益 300 G$	A□B□
13	1/2 的概率获得 600G$，1/2 的概率获得 0	确定性收益 320 G$	A□B□

　　被试在做出选择之前并不知道哪个情境将获得支付，因为每个情境获得支付的概率都是 1/13，这种收益支付方式的好处是可以有效地防止前面情境产生的收益对其后面情境的决策选择产生影响，即防止财富效应对被试的影响。所有被试明白决策行为和收益计算后，实验助手分发决策情境表，具体见附录 A。实验主持人提醒被试妥善保存随机抽到的纸条，并将纸条上的编号填写在表格上方空白处。

（二）个人所得税免征额预测市场实验

　　每个被试的风险态度测试完毕后，实验助手分发个人所得税免征额预测市场实验说明，被试在风险态度实验中并不知道该部分的内容。

个人所得税免征额预测市场实验说明见附录 B。

图 3.4　个人所得税免征额预测市场登录注册界面

实验主持人宣读实验说明，个人所得税免征额预测市场证券交易系统于 2011 年 5 月 9 日上午 9 点开放，每个被试可以在局域网终端填写个人信息注册，注册界面如图 3.4 所示。交易者进入市场交易之前，需要注册账户，注册账户需要提供如下个人信息：姓名、性别、年龄、身份证号、专业、职业、工资收入、受教育年限、家庭人口数、工作地、电子邮件、手机号等个人信息，我们将对交易者个人信息严格保密，保证该信息仅用于研究目的。

个人所得税免征额预测市场共发行 A、B、C、D、E 五只股票。官方（即全国人大常委会）最终通过公布的个税免征额记为 X。每只股票在交易结算日的收益跟官方公布的 X 有关。5 只股票实施"赢者通吃"的合约，即在交易结算日的价值分别如下：如果 $0 \leqslant X \leqslant 3000$，A 股票的交易结算价值为 100 交易币，否则为 0；如果 $3000 < X \leqslant 3500$，B 股票的交易结算价值为 100 交易币，否则为 0；如果 $3500 < X \leqslant 4000$，C 股票的交易结算价值为 100 交易币，否则为 0；如果 $4000 < X \leqslant 5000$，D 股票的交易结算价值为 100 交易币，否则为 0；如果 $X > 5000$，E 股票的交易结算价值为 100 交易币，否则为 0。

　　每一个新注册的账户中将有 100 手股票组合和 10000 交易币，一个股票组合包含 A、B、C、D、E 股票各 100 股，每个人只允许注册一个账户。多账户注册将取缔被试的参与资格。交易结算日，每个被试手中的所有股票的交易结算价值与账户中可用现金余额加总，即是每个被试的收益值，然后根据所有交易者的收益值进行排序，官方公布个人所得税免征额的第二日公布所有被试的收益排名，根据排名现金支付，第一名将获得 50 元人民币，第二名将获得 45 元人民币，第三名将获得 40 元人民币，第四名将获得 35 元人民币，第五名将获得 30 元人民币，第六名将获得 25 元人民币，第七名将获得 20 元人民币，第八名将获得 15 元人民币，第九名将获得 10 元人民币，第十名将获得 5 元人民币。

　　个人所得税免征额预测市场实行股票交易模式，股票 A、B、C、D、E 按照连续竞价双向拍卖制度单独进行交易。其规则如下：在连续竞价交易时段中，被试做出买卖决定并输入委托后，如果最高买入申报与最低卖出申报价格相同，则以该价格为成交价；否则，按如下两种方法确定成交价：（1）买入申报价格高于即时揭示的最低卖出申报价格时，成交价格为即时揭示的最低卖出申报价格。（2）卖出申报价格低于即时揭示的最高买入申报价格时，成交价格为即时揭示的最高买入申报价格。对新进入的一个有效买入申报价格，若不能成交，则进入买入申报价格排队等待成交；若能成交，即该有效买入申报价格高于或等于卖出申报价格队列的最低卖出申报价格，则与卖出申报价格队列顺序成交，其成交价格取卖方申报；对新进入的一个有效卖出申报价格，若不能成交，则进入卖出申报价格排队等待成交；若能成交，即该有效卖出申报价格低于或等于买入申报价格队列的最高买入申报价格，则与买入申报价格队列顺序成交，其成交价格取买方叫价，这样循环往复。交易过程如下：你提交的买或卖的信息，将被公布在交易界面右方，成为公开信息。计算机将买价从高到低排序（计算机将卖价从低到高排序），此时，如果又有一卖价（买价）提交，则按前述成交规则处理；如遇价格相同者，则先出价者先成交。在交易时段结束后，成交价格以及成交数量全部公布出来。

交易系统按照价格优先原则，如果价格相同则按照时间优先的原则。交易者可以随时撤销交易系统中未成交的委托，重新报价，系统每5秒钟更新一次，交易系统不设涨停板，可以进行t+0操作，即当日买进的股票可以当日卖出，交易者的买入行为以自己的可用现金余额为上限，卖出某只股票的数量以自己所拥有的该股票的数量为上限，即不允许买空和卖空行为，预测市场实行7（days）×24（hours）交易。

第四节　实验结果分析

本书从两个方面来分析实验结果，一方面是个人所得税免征额预测市场整体运行绩效，考察市场对个人所得税免征额的预测能力以及市场对个人所得税免征额分布区间的估计；另一方面考察市场参与人在市场中的交易特征、风险态度对个体预测准确性的影响。

一、市场整体绩效

个人所得税免征额预测市场共运行53天，产生527笔交易，平均每天交易9.9笔，本书计算了每只合约每天的平均交易价格，个别交易日，某只合约没有交易产生，平均交易价格则采用上一日交易价格。由于市场中的5只合约的价格之和时而大于100 G\$，时而小于100 G\$，并不总是等于100 G\$，为了便于比较，本书对合约价格进行了标准化处理，即用单个合约的当日平均交易价格除以当日5只合约平均价格之和作为该合约的当日标准平均价格，这样处理的好处是能将各个合约价格置于同一个框架进行比较，一目了然。各只合约每天的标准化平均价格走势如图3.5所示，图3.5是一个面积图，横轴是时间向量，深蓝色色带的宽度代表合约A在不同时间的价格，红色色带的宽度是合约 B 在市场交易期内的价格, 绿色色带的宽度是合约 C 在市场交易期内的价格, 紫色色带的宽度是合约 D 在市场交易期内的价格, 浅蓝色色带的宽度是合约 E 在市场交易期内的价格。

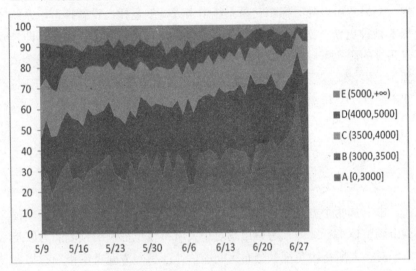

图 3.5　个人所得税免征额预测市场合约价格走势面积图

注: 该图为面积堆积图, 每条色带代表所对应合约的价格 (单位是 G$), 色带宽度是标准化了的合约价格, 处理办法是将当期的合约价格除以当期所有合约价格之和, 每个合约价格可以理解为市场对个人所得税免征额落入对应区间的概率估计, 所有合约标准化价格之和为 1。

从图中可以看出, 5 月 9 日, 市场对合约 A、B、C、D 和 E 发生概率的预期为 22.9%、23.5%、24.8%、20.9%、7.8%, 除合约 E 外, 其他四只合约价格并没有明显的差异。市场建立之初, 交易者对合约 A、B、C、D 对应事件发生的概率信念并无明显区别, 社会上对个人所得税免征额 3000 元、3500 元、4000 元以及 5000 元的不同呼声都存在着, 不同的专家有不同的观点, 多数专家表示, 个人所得税免征额 5000 元以上的可行性不大, 个人所得税免征额 5000 元是群众倾向性的一个聚点, 少数网络论坛中有网民预测个人所得税免征额会达到万元, 由于该信念并不能在市场中占主流, 因而市场中合约 E 的标准化价格不足 10G$。

　　随着时间的推移，社会对个人所得税免征额的讨论越来越多，信息来源越来越丰富，市场中各个合约的价格变动趋势越来越明显，图 3.5 可以看出，合约 D 和合约 E 标准化价格在 5 月 12 日之后不断减小。合约 C 在 6 月 19 日之前，标准化平均交易价格有所减小，但并不明显，也是市场对个人所得税免征额 4000 元的信念在不断减小。合约 A 和合约 B 一直是市场的主流信念，5 月 9 日个人所得税免征额预测市场建立之前，《中华人民共和国个人所得税修正案（草案）》初拟的个人所得税工资薪金所得减除标准为 3000 元，所以合约 A 在市场中的价格比较高，但大多数人认为草案初拟的标准偏低，因此个人所得税实验市场中 B 合约的价格也相对比较高。6 月 27 日，全国人大常委会二次审议的个税法修正案草案，维持 3000 元免征额不变，市场中合约 C、D、E 的标准化价格接近 0，而合约 A 的标准化平均交易价格大幅度上升至 66.1G$，合约 B 的价格也突然减小到 21.2 G$。6 月 28 日，市场中一部分人认为，既然 83% 的民众对公开征求社会意见的草案初拟的 3000 元标准表示不满，如果最终确定的个人所得税免征额仍然为 3000 元是对民意的漠视和嘲弄，认为免征额标准一定会比草案初拟值提高，合约 A 价格迅速回落，与此同时，合约 B 的价格不断上升。6 月 30 日，全国人大常务委员会通过修改后的个人所得税法，将个人所得税免征额提高到 3500 元，这一突然调整一经公布便引起社会的高度关注。个人所得税实验市场结束。

　　根据 6 月 29 日市场对各个合约的预测，总结如表 3.7 所示。表中给出了个人所得税落入不同区间的概率估计，显然合约 B 标准化的平均交易价格最高，市场不仅给出了个人所得税免征额的最可能发生区间，也给出了免征额落入各个区间的概率分布。

表 3.7 结果公布前一日市场对个人所得税免征额的区间估计

合约名称	合约含义	市场结束前一日的平均交易价格	价格所表示的市场预期
A	$0 \leqslant X \leqslant 3000$	36.5 G$	免征额为 $0 \leqslant X \leqslant 3000$ 的概率为 36.5%
B	$3000 < X \leqslant 3500$	46.2 G$	免征额为 $3000 < X \leqslant 3500$ 的概率为 46.2%
C	$3500 < X \leqslant 4000$	12.8 G$	免征额为 $3500 < X \leqslant 4000$ 的概率为 12.8%
D	$4000 < X \leqslant 5000$	7.7 G$	免征额为 $4000 < X \leqslant 5000$ 的概率为 7.7%
E	$X > 5000$	0.9 G$	免征额为 $X > 5000$ 的概率为 0.9%

注：X 为全国人大常委会最终公布的个人所得税免征额。

为了比较预测市场与其他预测方法的预测绩效，本书搜集了不同来源的专家预测，具体见表 3.8 所示，对个人所得税起征点进行预测主要是财税领域的专家学者（如张德勇、安体富、蒋大鸣等）、"两会"代表（季宝红、李东生等）和社会公众人物（如宗庆后等）以及网络草根阶层（如网友气横秋等）。专家对个人所得税免征额的预测值多分布在 3000 元到 5000 元之间，其中 3000 元和 5000 元两个数字最受预测者的青睐。与大多数专家的预测结果相比，本书的实验室市场对个人所得税免征额的预测更加准确。

表 3.8 不同来源的个人所得税免征额预测

预测者	预测者个人信息	预测值	主要观点
李开发	经济学家	3000	个税免征额上调至 3000 元，将使得 20% 以上就业人群的赋税负担减为零，对提高中低阶层收入意义重大，他认为将个税免征额从现在的 2000 元提高至 3000 元比较合理。
张德勇	中国社科院财政与贸易经济研究所研究员	3000	将个税免征额调整至 3000 元比较合适。
季宝红	上海"两会"代表	5000	认为可能是 5000 元。

续表

预测者	预测者个人信息	预测值	主要观点
安体富	中国财政学会副会长、中国人民大学财政金融系教授	3000	认为个税免征额至少应从目前的 2000 元提高至 3000 元。
李东生	全国"两会"代表	5000	他建议将个税免征额提高到 5000 元。此前,他曾通过微博就议案内容广泛征集网友们的意见。
宗庆后	全国人大代表、娃哈哈集团董事长	5000	减税费让利给企业和百姓,个税免征额提高至 5000 元。
蒋大鸣	南京审计学院财政税收研究所所长、中国财政学会理事	3500~4000	减税要循序渐进,认为在 3500~4000 元都是可行性比较大的。
魏杰	清华大学经管学院教授	5000	认为可能是 5000 元。
未具名	江苏省人大财经委员会	3500	考虑到可行性,认为 3500 元的可能性比较大,至少应该在 3000 元以上。
气横秋	博客中国	2500	博客立贴,认为不可能高于 2500 元。

资料来源:作者根据相关报道整理,来源于个人微博、博客、新浪财经、人民网等。

二、个体预测准确性、市场活跃度、风险态度与人口统计特征

在考察市场整体绩效的同时,本书还对市场中的交易行为与交易者人口统计特征及其风险态度进行了分析。

(一)风险态度的衡量

风险态度与交易行为密切相关,不同的风险态度可能对应不同的交易行为,为了计算个体的风险厌恶系数,使个体的行为与经济理论相联系,本书采用的个体效用函数如式(3.1)所示。

$$U(x) = \begin{cases} x^{1-\gamma}/(1-\gamma), & \gamma \neq 1 \\ \ln x, & \gamma = 1 \end{cases} \tag{3.1}$$

该效用函数为 CRRA 效用函数,即常数相对风险厌恶效用函数,

该函数形式被广泛应用于拍卖文献中。其中，x 为个体收益，γ 为 Arrow-Pratt 相对风险厌恶系数。$\gamma > 0$ 代表风险厌恶，$\gamma = 0$ 代表风险中性，$\gamma < 0$ 代表风险偏好。假定个体是期望效用最大化的，可以通过求解不等式组（3.2）获得个体的风险厌恶系数区间。

$$\begin{cases} EU_{i-1,A} > EU_{i-1,B} \\ EU_{i,A} < EU_{i,B} \end{cases} \tag{3.2}$$

其中 i 表示个体从第 i 对彩票开始转向选择彩票 B，$EU_{i,A}$，$EU_{i,B}$ 分别表示个体在第 i 对彩票中选择彩票 A 和 B 的期望效用。行为一致的个体在从选择彩票 A 转向选择彩票 B 后将一直选择彩票 B，而不应出现多个转折点。

若某个人在前四个彩票对中都一直选择 A，而在第五个彩票对之后开始选择 B，也就是说第四个彩票对中 A 选项给他带来的效用大于 B，即 $EU_{4,A} > EU_{4,B}$，第五个彩票对中 B 选项给他带来的效用大于 A，$EU_{5,A} < EU_{5,B}$，则通过求解不等式组 $\begin{cases} EU_{4,A} > EU_{4,B} \\ EU_{5,A} < EU_{5,B} \end{cases}$ 即可求出风险态度 γ 的区间。

求解 $\begin{cases} \dfrac{1}{2}\left(\dfrac{160^{1-\gamma}}{1-\gamma} + 0\right) > \dfrac{140^{1-\gamma}}{1-\gamma} \\ \dfrac{1}{2}\left(\dfrac{160^{1-\gamma}}{1-\gamma} + 0\right) < \dfrac{160^{1-\gamma}}{1-\gamma} \end{cases}$，可得 $0.4756 \leqslant \gamma \leqslant 0.5237$，取其区间中值则为 $\gamma = (0.4756 + 0.5237)/2 = 0.4996$，则在 $i = 5$ 时从彩票对 A 转向彩票对 B 的个体的风险态度为 $\gamma = 0.4996$。

以此类推，可以计算出 i 为其他数值时的个人风险态度，计算结果见表 3.9 所示。

表 3.9　个体风险态度计算结果一览表

i	1	2	3	4	5	6
γ	$\gamma > 0.6560$	0.6346	0.5912	0.5465	0.4996	0.4499
i	7	8	9	10	11	12
γ	0.3967	0.3391	0.2763	0.2073	0.1308	0.0453

注：计算结果保留 4 位小数，当 $i=1$ 时无法计算出风险态度的区间，只能计算出其下限，实验数据中不存在被试在所有决策情境中全部选择 B 的情况。

（二）个体预测准确性、市场活跃度与人口统计特征

预测市场中交易个体的预测准确性与他们的收益直接相关，因此可以用其收益值代表其对所预测事件的预测能力，为了研究个体预测准确性和市场活跃程度与哪些因素有关，本书对个体预测准确性与个体的风险态度以及人口统计特征做了相关统计检验。个体交易者在市场中活跃度用交易者在市场中总成交笔数来代表，交易笔数越多，该交易者在市场中活动越积极；风险态度的计算是根据 5 月 8 日晚上所有实验被试所做的彩票对选择测验；工作经历是衡量个体交易者对跟个人所得税感知程度的一个重要变量。具体的变量名称、符号以及变量的定义见表 3.10 所示。

表 3.10　变量名称、变量符号及其定义

变量名称	变量符号	变量定义
个体预测绩效	PP	用个人账户的收益净值来作为个体交易者预测准确性的代理变量，收益净值的计算为交易结束后现金账户余额与手中 B 合约数量乘以 100 的和减去 20000。
交易者市场活跃度	TF	个体交易者在市场中成交的总合约笔数。
风险态度	RA	根据被试在风险态度测验中的选择，然后根据表 3.9 的计算结果进行排列，前 18 名为风险规避型交易者，RA 为 0；后 18 名为风险偏好型交易者，RA 为 1。
交易者性别	Gender	如果交易者性别为男，则 Gender 变量为 1，否则为 0。
工作经验	WE	被试是否有过工作经历，如果有则为 1，否则为 0。

资料来源：作者整理。

1. 个体风险态度与个体预测准确性及其市场活跃度

表 3.11 得出了不同风险态度下的个体交易者预测绩效和市场活跃度的非参数检验结果，个体预测绩效的两独立样本 Mann-Whitney U 检验和 K-S 非参数双尾检验 P 值分别为 0.097 和 0.27，给定 0.05 的显著性水平，检验结果表明不同风险态度对个体预测绩效并无显著性影响；交易者市场活跃度的两独立样本 Mann-Whitney U 检验和 K-S 非参数双尾检验 P 值分别为 0.001 和 0.022，给定 0.05 的显著性水平，检验结果表明不同风险态度对个体交易者的活跃度存在显著的影响，交易者越风险偏好，其在市场中就越活跃。

表 3.11　不同风险态度个体交易者预测绩效和市场活跃度非参数检验结果

	风险态度	样本数	平均秩	秩和	M-U 检验双尾 P 值	K-S 检验双尾 P 值
PP（个体预测绩效）	0（风险规避）	18	15.58	280.5	0.097	0.27
	1（风险偏好）	18	21.42	385.5		
TF（个体市场活跃度）	0（风险规避）	18	12.89	232.0	0.001	0.022
	1（风险偏好）	18	24.11	434.0		

资料来源：作者根据 SPSS16.0 输出结果整理。

2. 性别与个体预测准确性及其市场活跃度

表 3.12 得出了不同性别的个体交易者预测绩效和市场活跃度的非参数检验结果，个体预测绩效的两独立样本 Mann-Whitney U 检验和 K-S 非参数双尾检验 P 值分别为 0.863 和 0.973，给定 0.05 的显著性水平，检验结果表明不同性别对个体预测绩效并无显著性影响；交易者市场活跃度的两独立样本 Mann-Whitney U 检验和 K-S 非参数双尾检验 P 值分别为 0.539 和 0.759，给定 0.05 的显著性水平，检验结果表明性别对个体交易者的活跃度存在显著的影响，在个人所得税免征额预测市场中，性别对个体预测绩效和市场活跃度均无显著影响。

表 3.12 性别与个体交易者预测绩效和市场活跃度非参数检验结果

	性别	样本数	平均秩	秩和	M-U 检验 双尾 P 值	K-S 检验 双尾 P 值
PP （个体预测绩效）	0（女）	16	18.84	301.50	0.863	0.973
	1（男）	20	18.22	364.50		
TF （个体市场活跃度）	0（女）	16	19.72	315.50	0.539	0.759
	1（男）	20	17.52	350.50		

资料来源：作者根据 SPSS16.0 输出结果整理。

3. 工作经历与个体预测准确性及其市场活跃度

表 3.13 得出了不同工作经历的个体交易者预测绩效和市场活跃度的非参数检验结果，个体预测绩效的两独立样本 Mann-Whitney U 检验和 K-S 非参数双尾检验 P 值分别为 0.014 和 0.041，给定 0.05 的显著性水平，检验结果表明工作经历对个体预测绩效影响显著；交易者市场活跃度的两独立样本 Mann-Whitney U 检验和 K-S 非参数双尾检验 P 值分别为 0.175 和 0.295，给定 0.05 的显著性水平，检验结果表明工作经历与个体交易者市场活跃度不存在显著的影响，在个人所得税免征额预测市场中，工作经历对个体预测准确性有显著的影响，而是否有工作经历对市场活跃度并无显著影响。

表 3.13 工作经历与个体交易者预测绩效和市场活跃度非参数检验结果

	工作经历	样本数	平均秩	秩和	M-U 检验 双尾 P 值	K-S 检验 双尾 P 值
PP （个体预测绩效）	0（无工作经历）	31	16.81	521.00	0.014	0.041
	1（有工作经历）	5	29.00	145.00		
TF （个体市场活跃度）	0（无工作经历）	31	17.52	543.00	0.175	0.295
	1（有工作经历）	5	24.60	123.00		

资料来源：作者根据 SPSS16.0 输出结果整理。

第五节　本章小结

本章尝试建立一个个人所得税免征额预测市场，并试图比较预测市场与其他来源的预测方法的预测绩效，发现预测市场的预测准确性以及反应即时性和强激励性在本书设计并不完美的市场中得以体现。同时本书还考察了该市场中交易者的特征对交易行为的影响。本章的主要结论如下。

第一，个人所得税免征额预测市场绩效明显优于目前网络中的绝大多数专家预测。这表明，简单的市场能够汇聚分散在大众中的信息。市场的稀薄并不一定意味着无效率的市场，预测市场研究一般认为准确的预测依赖于足量的交易（Berg，Forsythe & Reitz，1996），然而，实验经济学研究表明人数很少的双向拍卖市场也能产生有效率的结果，即使交易者少到仅有 4 名（Smith，1982）。

第二，在个人所得税免征额预测市场实验中，不同风险态度的个体对其预测准确性没有显著影响，风险偏好的交易者在市场中相对比较活跃，合约成交笔数比较多；工作经历对个体预测准确性有积极的影响，而有工作经历的人在市场中并不比没有工作经历的人更活跃；交易者性别无论对个体预测准确性还是市场活跃度都没有显著的影响。

第三，在预测市场应用实验的激励方式选择中，本书尝试使用了利用个人排名进行支付的激励方法，实验证明，该支付方法在激励强度和成本控制中都取得了良好的效应。一方面，按照收益排名对被试进行支付，能够产生比较强的激励，由于不同的排名收益不同，被试有通过实验表现获得收益从而提高收益排名的强激励，同时该支付设计避免了预测市场中部分被试收益为负的可能性，使得实验可操作性增强。另一方面，对于实验成本的控制上，排名支付对于任何实验结果的总成本是一定的，使得实验在财务预算上更加便捷。尤为重要的是，由于被试无法看到其他人的收益，理性被试的最优决策是通过自己的实验收益来提高自己的收益排名从而获得更多的现金支付，因此该激励方式与按照固定比例将实验币转换成现金的支付方式有同样的激励强度。

第四章 离散型事件预测市场的实验研究

第一节 实验理论模型

根据斯潘和斯科拉（Span and Skiera，2003）建立的一个预测市场（其文中称虚拟股票市场 VSM）的理论概念模型[①]，在商业预测中应用虚拟股票市场的基本概念是将未来的市场状况通过虚拟股票可表达化和可交易化。虚拟股票的现金红利（收益）依赖于所考察事件在时间 T 的实际发生结果。

$$d_{i,T} = \phi(Z_{i,T}) \qquad (i \in I) \tag{4.1}$$

其中，$d_{i,T}$ 是第 i 个事件在时间 T 结果对应的股票的现金红利，$\phi(\cdot)$ 是转换函数，$Z_{i,T}$ 是第 i 个事件在时间 T 的结果，I 是时间集，T 为决定事件结果的时间或时刻。

式（4.1）表明虚拟证券的价值依赖于不确定性的事件结果。通常情况下 T 是提前确定的，比如总统大选投票结束公布选票时。转换函

---

① 为了与预测市场的经典文献相一致，本书中在第三章用"股票"或者"证券"称为预测市场中交易的对象，该称谓不同于一般意义上的出资人持有的享有股份企业所有权的凭证，预测市场中交易的"股票"是一种或有权益合约，两者最大的区别在于传统意义上的股票价值取决于企业经营状况、股东预期等多种因素，而预测市场中交易的股票有固定的最终价值，其最终价值取决于该合约对应事件的结果。为了让被试在实验中易于理解交易对象的含义，第四章、第五章实验说明中采用"彩票"的称法，归根结底，书中的"彩票""股票""证券"均是指或有权益合约。

数通常有多种形式，并且是可逆的。转换函数的形式决定了预测市场中虚拟股票实施的合约类型，一种合约类型是指数型合约，政治股票市场中最常用的是某个特定候选人所获得的选票百分数乘以1美元来支付现金红利，另外一种合约类型是赢者通吃型合约，该合约类型的函数转换形式的含义就是如果某一个候选人当选，则该候选人对应的股票的价格是1，否则是0。虚拟股票市场的单股股票价格应该为事件结果的总体期望，也就是折现后的每股现金红利，由于通常情况下预测市场的持续期比较短，因此 $T-t$ 可以看作0。

$$\hat{Z}_{i,T,t} = \phi^{-1}(\hat{d}_{i,T,t}) = \phi^{-1}(p_{i,T,t} \cdot (1+\delta)^{T-t}) \quad (i \in I, \ t < T) \qquad (4.2)$$

$\hat{Z}_{i,T,t}$ 是第 i 个事件结果在时间 T 中 t 时刻的期望值；$\phi^{-1}(\bullet)$ 是转换函数 $\phi(\bullet)$ 的逆函数；$\hat{d}_{i,T,t}$ 是第 i 个事件在时间 T 中的第 t 时刻点对应股票的现金红利的期望值；$p_{i,T,t}$ 是第 i 个事件对应股票在时间 T 中 t 时刻的单位价格；δ 是折现因子，假定为常数。根据转换函数 $\phi(\bullet)$ 的不同形式，对应了不同的合约方式，具体的合约方式见表2.1所示。

对于目标预测事件结果变量 Z，如果其结果是离散型的 $Z \in \{Q_1, Q_2, Q_3, \cdots\cdots, Q_i\}$，并且 i 的数目不足够大，可以在市场中设计 i 只合约 C_j，$j = 1, 2, \cdots\cdots, i$，其分别定义为：

$$C_j = \begin{cases} 1, & \text{如果} Z = Q_j \\ 0 & \text{如果} Z \neq Q_j \end{cases} \qquad j = 1, 2, 3, \cdots\cdots, i \qquad (4.3)$$

例如，美国总统选择将从共和党和民主党候选人中产生，则可设计2只合约分别代表两党候选人，在市场中交易两只合约，每只合约的价格表征着市场对对应候选人当选的概率预期。

本章实验针对结果为离散型的事件，i 种组合的球放于箱子中，每轮实验实验参与人从箱子中抽球，通过观察到所抽球的信息，推测装入箱子里的是哪种组合，并在市场中交易组合所对应的证券（彩票）。

第二节　实验被试、实验手段与实验过程

一、实验被试和实验手段

目前预测市场理论研究的实验室实验中的被试多为学生（Smith，1982；Plott & Sunder，1982，1988），企业内部的预测市场实验中的参与人以公司雇员为主。本章实验被试主要来源于南开大学泽尔滕实验室被试数据库，他们均是自愿报名参加，经过实验组织方的筛选，以前未参加过类似的实验。

本实验同个人所得税免征额预测市场实验类似，也由两部分组成：风险态度测试实验和市场交易实验。为了合理地控制实验流程，防止实验数据的污染，风险态度测试实验是手工实验，市场交易实验是在计算机局域网中进行的，局域网中有独立的决策空间，能够充分保证被试抽取的信息其他人无法看到，每一个被试都不知道其他被试抽到纸条的信息情况。整个实验过程不允许被试通过手机等通信工具与外界交流。实验主持人由实验经济学专业的教授或者博士生担任，由该研究方向的硕士生担任实验助手。局域网实验基于南开大学泽尔滕实验室自主研发的泽尔滕证券交易系统。

二、实验过程

本章的实验是 2011 年 10 月 26 日、2011 年 11 月 2 日在专业的决策科学实验室进行的，所有的交易决策均是在独立的小隔间内完成的。共有 20 名来自于南开大学和天津大学的研究生或者高年级的本科生被试参加，所有的被试都是通过校园 BBS 招募自愿报名参加的，经过实验组织者的筛选，实验被试均是没有过相关实验经验的。具体实验结构见表 4.1。

表 4.1　抽球预测实验结构

实验代码	日期	被试人数	被试经验	抽取球方式	轮数	每轮时长
E1	2011 年 10 月 26 日	10	无	不放回式	10	200 秒
E2	2012 年 11 月 2 日	10	无	放回式	10	200 秒

资料来源：作者根据实验材料整理。

每局实验过程如下。

1. 被试签到，抽取编号条

实验助手引导被试进入实验导读室后签到，所有被试到齐后，实验主持人示意实验助手到被试面前，令其随机抽取编号条，编号条分别标有 0001、0002、0003、0006、0007、0008、0009、0010、0011、0012，该编号对应着局域网中的计算机的编号，之所以没有连续编号的原因是局域网中的 0004 号和 0005 号计算机鼠标使用不灵敏，为了确保交易阶段实验的通畅，所以在随机抽取编号阶段本书没有编号 0004 和 0005。实验主持人提醒被试保存好编号，编号是被试在全部实验中的唯一识别标志，是被试领取实验收益的凭证，实验全部结束后，根据每个被试在实验的决策计算被试在实验中获得的总收益，凭借编号条获得实验现金收入。本书也通过编号来追踪和锁定所有被试的相关信息以及交易行为。

2. 个人信息调查

编号抽取完毕后，实验助手发放调查问卷，问卷包含如下信息：性别、民族、政治面貌、专业、是否有股票交易经验、是否来自于城镇、父母的学历、家庭年均收入以及对自己风险态度的判断等信息，见表 4.2。等待所有的被试将基本情况调查表填写完毕，实验助手收齐基本情况调查表。

3. 风险态度测试

调查表收齐后，实验主持人向被试发放风险态度测度实验表并大声朗读风险态度测验的实验说明，风险态度的测度采用非互动的基于彩票对的选择，根据被试在实验中的选择行为推断被试的风险态度。

为了减少被试的计算成本，本书改进了霍特和劳里（Holt and Laury，2002）的彩票对设计，具体见表 4.3，将彩票 A 设定为风险彩票，即有 1/2 的概率获得 600 G$，有 1/2 的概率获得 0 G$，而彩票 B 是一个从第一个决策情境开始递增的序列，确定性收益最小为 80 G$，最大为 320 G$，让被试对每个决策情境进行选择，所有被试全部选择完毕后，令其中一名被试当众从一个装有 13 个白球的箱子中抽取一个球，13 个白球上分别标有数字 1～13，实验主持人公开宣布现金支付的决策情境，13 个决策情境被抽中的概率是相同的。抽中的白球上的数字是 x，则决策情境 x 被真实支付，如果被试在决策情境 x 中选择彩票 B 的被试将获得该决策情境下的确定性收益，如果被试在决策情境 x 中选择的是彩票 A，则需要实验助手通过掷骰子的方法决定被试的收益，如果骰子朝上的点数为 1、2 或者 3，则被试获得收益 600 G$，如果骰子朝上的点数为 4、5 或者 6，则被试的收益为 0。此外需要提醒被试在表中相应位置记录自己的编号。

表 4.2　被试基本情况调查表

请大家如实填写下列信息，该信息仅用于研究目的，绝不会对号入座
你的编号是＿＿＿＿＿＿
请在相应的选项上打钩，没有选项的地方直接在横线上填写内容。
你的性别：　　　　　　　　A. 男　　B. 女
你的民族：　　　　　　　　A. 汉　　B. 其他
你的政治面貌：　　　　　　A. 党员　B. 群众
你的专业是：＿＿＿＿＿＿＿＿
你有过股票交易经验吗？　　A. 有　　B. 没有
你来自：　　　　　　　　　A. 城市　B. 农村
你是独生子女吗？　　　　　A. 是　　B. 否
你父亲的学历是：A. 初中及以下　B. 高中　C. 大专　D. 本科　E. 研究生
你母亲的学历是：A. 初中及以下　B. 高中　C. 大专　D. 本科　E. 研究生
你家庭的年均收入大约为：A. 0～2 万　　B. 2 万～3 万　　C. 3 万～5 万 　　　　　　　　　　　　D. 5 万～10 万　E. 大于 10 万

你觉得你是一个偏好风险的人吗？
A. 非常偏好风险　B. 一般偏好风险　C. 不偏好不讨厌　D. 有点讨厌风险 E. 极度厌恶风险
你以前参加过本实验室的实验吗？　　　A. 是　　B. 否

表 4.3　抽球实验中的风险态度测度表

决策 情境	彩票 A	彩票 B	你的选择
1	1/2 的概率获得 600G\$, 1/2 的概率获得 0	确定性收益 80 G\$	A□B□
2	1/2 的概率获得 600G\$, 1/2 的概率获得 0	确定性收益 100 G\$	A□B□
3	1/2 的概率获得 600G\$, 1/2 的概率获得 0	确定性收益 120 G\$	A□B□
4	1/2 的概率获得 600G\$, 1/2 的概率获得 0	确定性收益 140 G\$	A□B□
5	1/2 的概率获得 600G\$, 1/2 的概率获得 0	确定性收益 160 G\$	A□B□
6	1/2 的概率获得 600G\$, 1/2 的概率获得 0	确定性收益 180 G\$	A□B□
7	1/2 的概率获得 600G\$, 1/2 的概率获得 0	确定性收益 200 G\$	A□B□
8	1/2 的概率获得 600G\$, 1/2 的概率获得 0	确定性收益 220 G\$	A□B□
9	1/2 的概率获得 600G\$, 1/2 的概率获得 0	确定性收益 240 G\$	A□B□
10	1/2 的概率获得 600G\$, 1/2 的概率获得 0	确定性收益 260 G\$	A□B□
11	1/2 的概率获得 600G\$, 1/2 的概率获得 0	确定性收益 280 G\$	A□B□
12	1/2 的概率获得 600G\$, 1/2 的概率获得 0	确定性收益 300 G\$	A□B□
13	1/2 的概率获得 600G\$, 1/2 的概率获得 0	确定性收益 320 G\$	A□B□

4. 实验说明讲解

实验助手分发实验说明，实验主持人进行讲解。其中 E1 实验说明见附录 D。主持人在实验导读室台前向被试展示一个箱子，箱子内装有 100 个白球和黄球，但不知具体球的数目，箱子中球可能存在四种组合，并且每一种组合对应一只彩票，具体含义见表 4.4。被试不知道装入箱子的是哪种组合。

表 4.4　抽球预测市场实验彩票含义

组合	白球数量	黄球数量	所对应彩票名称	所对应彩票含义
U1	20	80	A	如果箱子里的组合是 U1，则 10 轮实验后的彩票 A 的价值是 100 G$，否则为 0。
U2	40	60	B	如果箱子里的组合是 U2，则 10 轮实验后的彩票 B 的价值是 100 G$，否则为 0。
U3	60	40	C	如果箱子里的组合是 U3，则 10 轮实验后的彩票 C 的价值是 100 G$，否则为 0。
U4	80	20	D	如果箱子里的组合是 U4，则 10 轮实验后的彩票 D 的价值是 100 G$，否则为 0。

资料来源：作者整理。

实验共进行 10 轮，每轮实验包括抽取私人信息、推测和交易三个阶段。

在被试第一轮抽取私人信息之前，他们已经被引导进入实验区独立隔离的计算机终端，实验组织者已经提前打开服务器和与其联网的计算机终端，终端界面的泽尔滕证券交易系统已经打开，界面如图 4.1 所示，被试可以根据实验刚开始随机抽取的编号条直接登录，系统已经提前将编号作为用户名注册完毕，无须被试重新注册。每个账户中有五只彩票各 20 张和 10000 G$交易货币。

单轮实验结构如下：

（1）抽取私人信息阶段，实验助手将一个装有 100 个黄球和白球的盒子拿到被试面前，被试随机抽取其中一个球（或 10 个球），并将球的颜色记在表 4.5 所示的记录单中。

（2）令被试推测胜出彩票，所谓胜出彩票，即箱子所装有球的真实组合对应的彩票，提醒被试在记录单的相应位置上打钩，10 轮实验中每推测正确一次，获得 50 G$，实验组织者提醒并监督被试每轮做好推测记录，为防止被试在抽到新的信息后更新上一轮的预测结果，不允许被试在本轮得到信息后涂改前几轮的记录，否则该推测无效。

图 4.1 Selten Lab 证券交易系统抽球实验登录界面

（3）市场交易阶段，10 个被试全部推测完毕后，进入交易阶段，交易系统与第三章个人所得税免征额系统基本一致，均为 Selten 证券交易系统，该系统是基于 Microsoft Visual Studio 2010 平台开发的。交易规则与现行的深沪市交易规则类似，4 只彩票单独实行连续竞价双向拍卖制度，市场没有涨停板和跌停板的限制。被试的 20 张彩票和 10000 G$是其交易基础，他们可以根据抽到的信息以及其他人的报价情况决定对彩票的买卖价格和数量。每轮交易环节持续 200 秒，实验主持人在每轮交易环节开始后计时，200 秒一到提醒被试撤销掉市场中的委托买卖记录，退出交易系统，等待下一轮抽取信息。

单轮实验结束后进入下一轮实验，重复上述三个环节，10 轮实验中均是从同一个箱子中抽球。

被试实验总收益由三部分组成：风险态度测验收益、推测胜出彩票的收益和市场交易收益。推测胜出彩票的收益等于全部 10 轮实验推测正确的次数乘以 50 G$[①]；市场交易收益等于每个被试的现金余额减

[①] 实验 E2 中每正确推测一次被试获得 25 G$的收益。

去初始的 10000 G\$再加上交易结束后手中彩票的总价值，彩票的总价值也就是胜出彩票的数量乘以 100 G\$。

表 4.5　抽球实验记录单

实验轮数	抽到球的颜色 请在相应的位置打√		你推测的组合 请在相应的位置打√				真实的组合	本轮收益
1	白色	黄色	U1	U2	U3	U4		
2	白色	黄色	U1	U2	U3	U4		
3	白色	黄色	U1	U2	U3	U4		
4	白色	黄色	U1	U2	U3	U4		
5	白色	黄色	U1	U2	U3	U4		
6	白色	黄色	U1	U2	U3	U4		
7	白色	黄色	U1	U2	U3	U4		
8	白色	黄色	U1	U2	U3	U4		
9	白色	黄色	U1	U2	U3	U4		
10	白色	黄色	U1	U2	U3	U4		
合计			—				—	

注：E2 实验中第二列表头为"请在相应位置记录抽到的两种颜色球的个数"。

解释完实验说明后，实验主持人向被试展示如何在 Selten 证券交易系统中进行操作，账户信息如图 4.2 所示，我的账户选项卡下，页面正中间是"我的历史交易"，在这里可以看到自己全部的历史交易记录，包括成交双方编号、成交彩票名称、成交彩票数量和价格以及成交时间。"我的历史交易"正下方是"我的委托"，是指已经提交到市场中等待提交的委托买入或者委托卖出的记录，可以通过点击"取消"按钮撤销委托买卖。页面右上方是个人编号，页面右下方是目前账户中的彩票存货和现金情况，当一笔委托买入提交成功后，系统会自动把该委托买入的现金冻结，账户中的可用余额是现金余额减去委托买入总价值后的值。

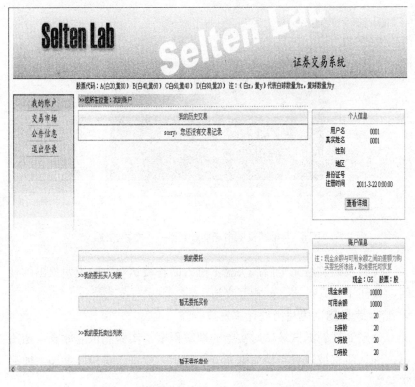

图 4.2　抽球预测市场实验系统——我的账户

系统交易界面如图 4.3 所示，页面正中间为彩票的价格走势，通过点击走势图上边的"选择查看市场"可以看到其他几只彩票的市场价格走势，价格走势图下方是实时交易行情。页面右上方是操作区域，可以委托买入和卖出彩票，一笔委托交易成功提交到市场中后如果无法与当前市场中的买入或卖出匹配，则该笔委托也进入市场中等待显示在页面右下方的委托信息队列中。

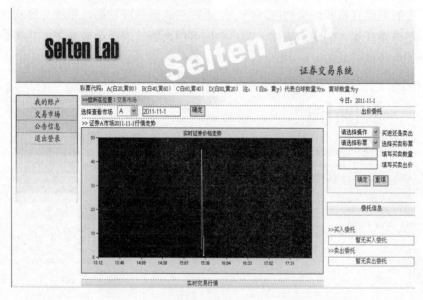

图4.3 抽球预测市场实验系统——交易市场

实验说明讲解完毕后，实验主持人回答被试对实验说明提出的疑问，其间不允许被试之间相互交流。

5. 题目测试填写问卷计算发放收益

分发测试题测试被试对实验的理解程度，实验测试题如表 4.6 所示，确认所有被试对实验情境充分了解后方能进入实验区参加上述的实验。

表 4.6　抽球预测市场实验测试题

测 试 题

请将答案写在各问题后的横线上。

1. 如果装入箱子的组合是 U2，10 轮实验结束后，彩票 A 的价值是____G\$，B 的价值是____G\$，C 的价值是____G\$，D 的价值是____G\$。

2. 如果装入箱子的组合是 U4，10 轮实验结束后你的可用现金余额是 9000 G\$，且你手中有彩票 A、B、C、D 的张数分别为 4、13、8、19 张，全部 10 轮实验中你委托的买卖成交次数是 18 次，那么买卖阶段你的收益是____G\$。

3. 如果装入箱子的组合是 U3，记录单中你推测的 U1、U2、U3、U4 的次数为 2、4、3、1，那么你的全部推测收益是____G\$。

4. 如果第一轮你抽到黄球，通过贝叶斯公式可以计算出 U1、U2、U3、U4 发生的后验概率分别是 0.4、0.3、0.2 和 0.1，你最想买进的是彩票____，可以承受的价格区间是_____，如果卖出该彩票你愿意接受的价格区间是____。

5. 如果前四轮你抽到了四个黄球，第五轮抽到了一个白球，你认为装入箱子的组合可能性最大的是_____，你认为第五轮交易过程中成交价格最高的应该是彩票_____，你觉得能够从其他参与人报价和成交价格中推断出其他人所抽到球的颜色吗？_____（A 可以；B 不可以；C 部分可以）

　　10 轮实验结束后，被试填写实验问卷，实验问卷设计到被试在推测阶段中如何推测哪个组合会发生，在彩票交易阶段基于哪些信息提出不同的买价和卖价以及对待实验的兴趣和看法。被试填写问卷的同时实验主持人计算所有被试的收益。

　　实验主持人将风险态度测试收益、推测收益以及市场交易收益加总，得出每个被试的收益，按照 100 G\$=1 元人民币的比例转换成人民币，被试凭借编号条领取现金收益，实验结束。

第三节　假设的建立及其变量界定

一、研究假设

在考察被试行为的过程中，本书针对被试的个人统计特征，深入到每个被试的行为背后具体考量被试风险态度、股票交易经验以及人口特征对个体预测准确性和市场活跃度的影响。在正式分析之前本书做出如下假设。

假设1：风险偏好的交易者交易活跃，在市场中有着较多的成交交易笔数，其预测准确性更高；

假设2：男性在市场中更加活跃，其预测准确性更高；

假设3：由于有股票交易经验的人对于信息更加敏感，因此交易次数越多，交易准确性越高。

二、变量的界定

猜数预测市场中交易个体的预测准确性与他们的收益直接相关，因此可以用其收益值代表其对所预测事件的预测能力，为了研究个体预测准确性和市场活跃度与哪些因素有关，本书对个体预测准确性与个体的风险态度以及人口统计特征做了相关统计检验；个体交易者在市场中的活跃度用其在市场中总成交笔数来代表，交易笔数越多，该交易者在市场中活动越积极；风险态度的测算是根据抽球预测实验之前所有实验被试所做的彩票对选择计算出来的；股票交易经验是衡量个体交易者对交易经验、连续竞价双向拍卖制度熟悉的变量。具体的变量名称、符号以及变量的定义见表4.7所示。

表 4.7　抽球预测实验变量名称、变量符号及其定义

变量名称	变量符号	变量定义
个体预测绩效	PP	用个人账户市场阶段的收益净值来作为个体交易者预测准确性的代理变量，即其现金余额加上手中彩票的价值再减去初始禀赋 12000（现金禀赋 10000 以及 20 张胜出彩票 2000）。
交易者市场活跃度	TF	个体交易者在抽球预测市场中成交的总交易笔数。
风险态度	RA	根据被试在风险态度测验中的选择，将其风险态度进行排序，前 10 名为风险规避型交易者，RA 为 0；后 10 名为风险偏好型交易者，RA 为 1。
交易者性别	Gender	如果交易者性别为男，则 Gender 变量为 1，否则为 0。
股票交易经验	SE	如果被试有过股票交易经验，SE 则为 1，否则为 0。

资料来源：作者整理。

三、私人信息均衡

实验 E1 采取不放回式抽取信息，每一轮抽到的球并不放回到箱子中，在没有抽球之前，各个组合的先验概率是一样的，每个组合装进箱子的可能性都是四分之一。如果被试抽到 a 个黄球，b 个白球，交易仅仅根据自己抽到的私人信息做出决策，则组合 U_i 的后验概率由式（4.4）给出，遍历 a 和 b 所有的值之后，可得表 4.8 所示的私人信息均衡理论解。

$$P(U_i|y=a,w=b) = \frac{P(y=a,w=b|U_i)P(U_i)}{\sum_{i=1}^{4} P(y=a,w=b|U_i)P(U_i)} \qquad (4.4)$$

表 4.8　不同抽球结果对应的四个组合的后验概率

		0		1		2		3		4		5		6		7		8		9		10
0	U1	0.250	U1	0.400	U1	0.536	U1	0.645	U1	0.730	U1	0.797	U1	0.848	U1	0.887	U1	0.917	U1	0.939	U1	0.956
	U2	0.250	U2	0.300	U2	0.300	U2	0.269	U2	0.225	U2	0.181	U2	0.141	U2	0.108	U2	0.081	U2	0.060	U2	0.044
	U3	0.250	U3	0.200	U3	0.132	U3	0.078	U3	0.042	U3	0.022	U3	0.011	U3	0.005	U3	0.002	U3	0.001	U3	0.000
	U4	0.250	U4	0.100	U4	0.032	U4	0.009	U4	0.002	U4	0.001	U4	0.000	U4	0.000	U4	0.000	U4	0.000	U4	0.000

续表

		0	1	2	3	4	5	6	7	8	9	10
1	U1	0.100	0.200	0.322	**0.445**	**0.555**	**0.650**	**0.729**	**0.793**	**0.844**	**0.884**	
	U2	0.200	**0.300**	**0.361**	0.370	0.342	0.295	0.243	0.193	0.149	0.113	
	U3	0.300	**0.300**	0.239	0.160	0.096	0.053	0.028	0.014	0.007	0.003	
	U4	**0.400**	0.200	0.078	0.025	0.007	0.002	0.000	0.000	0.000	0.000	
2	U1	0.032	0.078	0.152	0.246	0.350	**0.455**	**0.554**	**0.643**	**0.721**		
	U2	0.132	0.239	**0.348**	**0.421**	**0.443**	0.424	0.379	0.321	0.261		
	U3	0.300	**0.361**	**0.348**	0.276	0.189	0.116	0.066	0.035	0.018		
	U4	**0.536**	0.322	0.152	0.057	0.018	0.005	0.001	0.000	0.000		
3	U1	0.009	0.025	0.057	0.108	0.178	0.261	0.353	0.448			
	U2	0.078	0.160	0.276	**0.392**	**0.475**	**0.513**	**0.509**	**0.472**			
	U3	0.269	0.370	**0.421**	**0.392**	0.308	0.214	0.135	0.079			
	U4	**0.645**	**0.445**	0.246	0.108	0.039	0.012	0.003	0.001			
4	U1	0.002	0.007	0.018	0.039	0.073	0.121	0.183				
	U2	0.042	0.096	0.189	0.308	**0.427**	**0.519**	**0.574**				
	U3	0.225	0.342	**0.443**	**0.475**	**0.427**	0.334	0.235				
	U4	**0.730**	**0.555**	0.350	0.178	0.073	0.026	0.008				
5	U1	0.001	0.002	0.005	0.012	0.026	0.047					
	U2	0.022	0.053	0.116	0.214	0.334	**0.453**					
	U3	0.181	0.295	0.424	**0.513**	**0.519**	**0.453**					
	U4	**0.797**	**0.650**	**0.455**	0.261	0.121	0.047					
6	U1	0.000	0.000	0.001	0.003	0.008						
	U2	0.011	0.028	0.066	0.135	0.235						
	U3	0.141	0.243	0.379	**0.509**	**0.574**						
	U4	**0.848**	**0.729**	**0.554**	0.353	0.183						
7	U1	0.000	0.000	0.000	0.001							
	U2	0.005	0.014	0.035	0.079							
	U3	0.108	0.193	0.321	0.472							
	U4	**0.887**	**0.793**	**0.643**	**0.448**							
8	U1	0.000	0.000	0.000								
	U2	0.002	0.007	0.018								
	U3	0.081	0.149	0.261								
	U4	**0.917**	**0.844**	**0.721**								
9	U1	0.000	0.000									
	U2	0.001	0.003									
	U3	0.060	0.113									
	U4	**0.939**	**0.884**									

		0	1	2	3	4	5	6	7	8	9	10
10	U1	0.000										
	U2	0.000										
	U3	0.044										
	U4	**0.956**										

资料来源：作者根据贝叶斯后验概率公式计算，第一栏数字表示抽到黄球的个数，第一列表示抽到白球的个数，任意抽球的组合都能在图上找到对应的概率，每个单元格中黑体部分的组合概率是不放回式抽取的私人信息均衡解。

第四节 实验结果分析

本节将从宏观市场和微观市场两个层面来分析实验结果，宏观层面考察不同信息抽取方式对价格收敛速度的影响，微观层面将考察风险态度、性别、股票交易经验对交易个体预测绩效以及市场活跃度的影响。

一、市场整体绩效

实验 E1 和 E2 最主要的区别是两个实验设置的不同，实验 E1 采用每次抽取一个球的不放回式抽取，实验 E2 采取了每次抽取 10 个球的放回式抽取。E1 中每次抽取的信息是不独立的，每次抽取信息后，交易者可以根据贝叶斯更新法则计算出当时条件下的私人信息均衡。由于实验 E2 采取了放回式抽取的抽球方式，所以其每次抽取信息的方式是独立的。

实验 E1 和 E2 中各彩票每轮的平均交易价格和交易量以及交易笔数见表 4.9 和表 4.10 所示，相应的单轮平均价格走势见图 4.4 和图 4.5。从图 4.4 中可以看出，E1 中第九轮彩票 B 价格才开始与其他彩票分离，交易者从市场交易记录中无法体味到更多的信息，由于信息的不完全使得市场价格收敛过程并不明显。

表 4.9 实验 E1 各轮平均交易价格及其成交量和成交笔数

轮数	$\overline{P_{Ai}}$	$\overline{P_{Bi}}$	$\overline{P_{Ci}}$	$\overline{P_{Di}}$	成交量	成交笔数	平均单笔交易量
第 1 轮	33.75	40	40	25	35	8	4.4
第 2 轮	27.9	26.47	20	25	54	16	3.4
第 3 轮	25	20	25	23.75	37	15	2.5
第 4 轮	35	30	26.7	23.4	45	12	3.8
第 5 轮	24	40	20	24.4	50	16	3.1
第 6 轮	—	38	43.2	34.3	48	17	2.8
第 7 轮	27.7	20	40	32.5	62	19	3.3
第 8 轮	15	25	25.2	27.8	60	18	3.3
第 9 轮	—	43.1	—	31.5	30	14	2.1
第 10 轮	20.6	60	44.1	37	41	23	1.8
合计	28	33	34.4	28.9	462	158	2.9

注：1. $\overline{P_{Ai}}$、$\overline{P_{Bi}}$、$\overline{P_{Ci}}$、$\overline{P_{Di}}$ 分别代表彩票 A、B、C、D 在各轮的平均交易价格，是以每轮实验成交的数量为权重计算出来的平均价格。

2. 成交笔数是一轮实验中委托买卖达成的次数，成交量为每轮实验中所有彩票的成交数量之和，平均单笔交易量是成交量与成交笔数之商。

3. "—"代表本轮中该彩票没有成交记录。

资料来源：作者根据实验数据整理计算。

表 4.10 实验 E2 各轮平均交易价格及其成交量和成交笔数

轮数	$\overline{P_{Ai}}$	$\overline{P_{Bi}}$	$\overline{P_{Ci}}$	$\overline{P_{Di}}$	成交量	成交笔数	平均单笔交易量
第 1 轮	43.7	35	40	53.3	85	15	5.7
第 2 轮	64	48.7	40	28.7	94	18	6.3
第 3 轮	63.1	60	42.2	30	64	12	4.3
第 4 轮	59.2	57.9	41	35.4	59	17	3.9
第 5 轮	59	60	34.8	15	58	18	3.9
第 6 轮	62	70	47.3	15	41	17	2.7
第 7 轮	53.1	75.6	40	20	53	13	3.5
第 8 轮	50	72.5	41.4	2	18	9	1.2

轮数	$\overline{P_{Ai}}$	$\overline{P_{Bi}}$	$\overline{P_{Ci}}$	$\overline{P_{Di}}$	成交量	成交笔数	平均单笔交易量
第 9 轮	42	90	42.1	2.3	43	18	2.9
第 10 轮	—	92.5	10	1.9	32	18	2.1
合计	53.1	65.1	40.5	24.4	547	155	3.5

注：1. $\overline{P_{Ai}}$、$\overline{P_{Bi}}$、$\overline{P_{Ci}}$、$\overline{P_{Di}}$ 分别代表彩票 A、B、C、D 在各轮的平均交易价格，是以每轮实验成交的数量为权重计算出来的平均价格。

2. 成交笔数是一轮实验中委托买卖达成的次数，成交量为每轮实验中所有彩票的成交数量之和，平均单笔交易量是成交量与成交笔数之商。

3. "—"代表本轮中该彩票没有成交记录。

资料来源：作者根据实验数据整理计算。

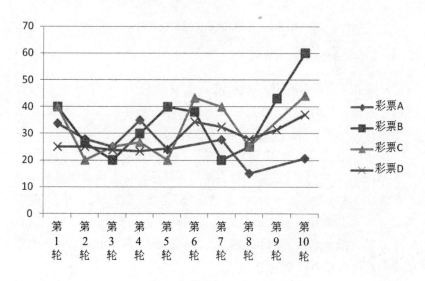

图 4.4   实验 E1 各彩票价格走势

资料来源：作者根据实验数据整理。

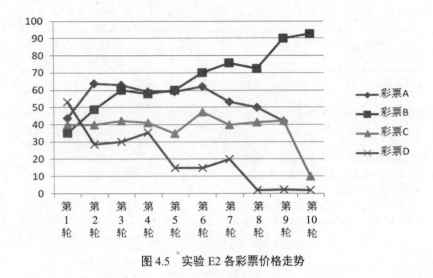

图 4.5   实验 E2 各彩票价格走势

资料来源：作者根据实验数据整理。

从图 4.5 中可以看出，实验 E2 从第 5 轮开始，彩票 B 的价格开始高于其他彩票的价格，然后在接下来的时间彩票 B 的平均交易价格不断攀升，在第 10 轮平均交易价格为 92.5。

表 4.11 给出了实验 E1 和 E2 的胜出彩票的收敛速度非参数两配对样本 Wilcoxon 符号秩检验，用胜出彩票每轮平均价格跟真实值的偏离 d 来刻画收敛速度，$d_{i1}=$（100-E1 第 i 轮胜出彩票的平均价格）/100。从表 4.11 可以看出，双尾二项分布累积概率 P 为 0.007，给定显著性水平 0.05，概率值显著小于显著性水平，因此，两种抽球方式下彩票的收敛速度有显著区别。

表 4.11   实验 E1 和 E2 收敛速度的 Wilcoxon 符号秩检验结果

		样本量（10）	平均秩	秩和	双尾 P 值	Z
d_2-d_1	负秩	9	6.0	54.0	0.007	-2.701
	正秩	1	1.0	1.0		

资料来源：作者根据 SPSS16.0 输出结果整理。

二、个体预测准确性、市场活跃度、风险态度与人口统计特征

（一）个体风险态度与个体预测准确性及其市场活跃度

表 4.12 给出了不同风险态度下的个体交易者预测绩效和市场活跃度的非参数检验结果，个体预测绩效的两独立样本 Mann-Whitney U 检验和 K-S 非参数双尾检验 P 值分别为 0.089 和 0.25，给定 0.05 的显著性水平，检验结果表明同个人所得税起征点预测市场实验一样，抽球实验中个体交易者的风险态度对个体预测绩效并无显著性影响；交易者市场活跃度的两独立样本 Mann-Whitney U 检验和 K-S 非参数双尾检验 P 值分别为 0.012 和 0.031，给定 0.05 的显著性水平，检验结果表明不同风险态度对个体交易者的活跃度存在显著的影响，交易者越风险偏好，其在市场中交易的积极性就越高。

因此假设 1 前半部分被证实，后半部分被拒绝，即交易者的风险态度对交易活跃性有正向影响，对个体准确性没有显著影响。

表 4.12 不同风险态度个体交易者预测绩效和市场活跃度非参数检验结果

	风险态度	样本数	平均秩	秩和	M-U 检验 双尾 P 值	K-S 检验 双尾 P 值
PP （个体预测绩效）	0(风险规避)	10	15.58	280.50	0.089	0.25
	1(风险偏好)	10	21.42	385.50		
TF （个体市场活跃度）	0(风险规避)	10	27.4	232.00	0.012	0.031
	1(风险偏好)	10	45.3	434.00		

资料来源：作者根据 SPSS16.0 输出结果整理。

（二）性别与个体预测准确性及其市场活跃度

表 4.13 给出了不同性别的个体交易者预测绩效和市场活跃度的非参数回归结果，个体预测绩效的两独立样本 Mann-Whitney U 检验和 K-S 非参数双尾检验 P 值分别为 0.763 和 0.873，给定 0.05 的显著性水平，检验结果表明不同性别对个体预测绩效并无显著性影响；交易者市场活跃度的两独立样本 Mann-Whitney U 检验和 K-S 非参数双

尾检验 P 值分别为 0.546 和 0.657，给定 0.05 的显著性水平，检验结果表明性别对个体交易者的活跃度存在显著的影响，在预测抽球实验市场中，性别对个体预测绩效和市场活跃度均无显著影响。

表 4.13 性别对个体交易者预测绩效和市场活跃度影响的非参数检验结果

	性别	样本数	平均秩	秩和	M-U 检验 双尾 P 值	K-S 检验 双尾 P 值
PP	0（女）	11	36.7	301.50	0.763	0.873
（个体预测绩效）	1（男）	9	35.4	364.50		
TF	0（女）	11	36.3	315.50	0.546	0.659
（交易者市场活跃度）	1（男）	9	34.5	350.50		

资料来源：作者根据 SPSS16.0 输出结果整理。

非参数检验可以看出，男性在市场中既没有表现出优于女性的预测能力，也没有在市场中有着更加活跃的表现，假设 2 被拒绝。

（三）股票交易经验与个体预测准确性及其市场活跃度

表 4.14 得出了股票交易经验对单个交易者预测绩效和市场活跃度的非参数检验结果，个体预测绩效的两独立样本 Mann-Whitney U 检验和 K-S 非参数双尾检验 P 值分别为 0.121 和 0.213，给定 0.05 的显著性水平，检验结果表明股票交易经历对个体预测绩效影响不显著；交易者市场活跃度的两独立样本 Mann-Whitney U 检验和 K-S 非参数双尾检验 P 值分别为 0.035 和 0.042，给定 0.05 的显著性水平，检验结果表明股票交易经验对个体交易者的活跃度存在显著影响，在抽球预测市场中，股票交易经验对个体预测准确性无显著影响，而是否有股票交易经验对交易者市场交易活跃度存在显著影响，有股票交易经验的人在市场上表现更加积极。

从非参数检验结果来看，假设 3 被部分证实，股票交易经验确实对交易积极性有显著影响，但有无股票交易经验对个体预测准确性并无显著影响。

表 4.14 股票交易经验对个体交易者预测绩效和市场活跃度影响的非参数检验结果

	股票交易经验	样本数	平均秩	秩和	M-U 检验 双尾 P 值	K-S 检验 双尾 P 值
PP （个体预测绩效）	0	12	16.8	521.0	0.121	0.213
	1	8	29.0	145.0		
TF （个体市场活跃度）	0	12	28.4	543.0	0.035	0.042
	1	8	43.5	123.0		

资料来源：作者根据 SPSS16.0 输出结果整理。

第五节 本章小结

本章针对一个结果为离散型的事件，在实验室中设计了一个抽球预测市场，在该市场中，事件结果是"前定"的，尽管交易者并不知道事件的具体结果，通过控制抽球方式来控制信息的引入对市场信息汇聚的影响，交易者可以根据抽到球的颜色利用贝叶斯法则更新自己对事件发生的后验信念，在市场中交易不同组合所对应的彩票，交易者还可以从市场的委托买价和卖价来部分地窥探其他人抽到的信息。

在结果离散型事件的预测市场中，本章一方面考察了不同的信息引入方式对市场整体预测绩效的影响，另一方面考察了交易者的特征对交易行为的影响。本章的主要结论如下。

第一，不同的信息进入方式对市场整体预测绩效有不同的影响，E2 实验每次放回式抽取 10 个球的信息进入方式比 E1 实验中不放回式每次抽取一个球的信息方式更容易让信息在市场汇聚，使得真实组合所对应彩票的价格迅速向其真实价值收敛。不放回式抽取一个球的信息进入方式可能是因为每次信息中只有一个球，该信息对信念改变的边际贡献太小以至于无法从市场的价格中窥探不完全的私人信息，这与 Plott、Wit 和 Yang（2002）的结论相一致，即在复杂的信息决策环境中理性预期模型的解释力大大下降。

　　第二，在结果离散型事件的抽球预测市场中，单个交易者的预测准确性及其在市场中的活跃度跟风险态度、部分人口统计特征相关。风险偏好的交易者在市场中一般比较活跃，但其预测能力与其他交易者无显著差异；不同性别的参与者在预测准确性和交易活跃度上无显著区别；有股票交易经验的交易者在市场中更加活跃，但预测准确性与无经验交易者无显著差别。

第五章　连续型事件预测市场的实验研究

第一节　实验理论模型

根据斯潘和斯科拉（Span and Skiera，2003）建立的一个预测市场理论概念模型，在商业预测中应用虚拟股票市场的基本概念是将未来的市场状况通过虚拟股票可表达化和可交易化。虚拟股票的现金红利（收益）依赖于所考察事件在时间 T 的实际发生结果。

$$d_{i,T} = \phi(Z_{i,T}) \qquad (i \in I) \qquad\qquad (5.1)$$

其中，$d_{i,T}$ 是第 i 个事件在时间 T 结果对应的股票的现金红利，$\phi(\cdot)$ 是转换函数，$Z_{i,T}$ 是第 i 个事件在时间 T 的结果，I 是时间集，T 为决定事件结果的时间或时刻。

式（5.1）表明虚拟证券的价值依赖于不确定性的事件结果。通常情况下 T 是提前确定的，比如总统大选投票结束公布选票时。转换函数通常有多种形式，并且是可逆的。转换函数的形式决定了预测市场中虚拟股票实施的合约类型，一种合约类型是指数型合约，政治股票市场中最常用的是某个特定候选人所获得的选票百分数乘以 1 美元来支付现金红利；另外一种合约类型是赢者通吃型合约，该合约类型的函数转换形式的含义就是如果某一个候选人当选，则该候选人对应的股票的价格是 1，否则是 0。虚拟股票市场的单股股票价格应该为事件结果的总体期望，也就是折现后的每股现金红利，由于通常情况下预测市场的持续期比较短，因此 $T-t$ 可以看作 0。

$$\hat{Z}_{i,T,t} = \phi^{-1}(\hat{d}_{iT,t}) = \phi^{-1}(p_{i,T,t} \cdot (1+\delta)^{T-t}) \quad (i \in I, \; t < T) \quad (5.2)$$

$\hat{Z}_{i,T,t}$ 是第 i 个事件结果在时间 T 中 t 时刻的期望值；$\phi^{-1}(\bullet)$ 是转换函数 $\phi(\bullet)$ 的逆函数；$\hat{d}_{iT,t}$ 是第 i 个事件在时间 T 中的第 t 时刻点对应股票的现金红利的期望值；$p_{i,T,t}$ 第 i 个事件对应股票在时间 T 中 t 时刻的单位价格；δ 是折现因子，假定为常数。根据转换函数 $\phi(\bullet)$ 的不同形式，对应了不同的合约方式。

对于目标预测事件结果变量 Z，如果其结果是连续型的 $Z \in [Z_a, Z_b]$，可以根据目标预测事件结果的性质，将区间 $[Z_a, Z_b]$ 划分为 i 子区间，可以在市场中设计 i 只合约 C_j，$j = 1, 2, \cdots\cdots, i$，其现金红利分别定义为：

$$d_i = \begin{cases} 1, & \text{如果} Z_{i-1} < Z < Z_i \\ 0 & \text{否则} \end{cases} \quad j = 1, 2, 3, \cdots\cdots, i \quad (5.3)$$

本章实验针对结果为连续型的事件，随机生成器生成一个数 $Z, Z \in [0,100]$，取 $i = 5$，即将该区间划分为五个连续的区间，每个区间对应一只彩票，在每轮实验开始交易彩票之前，参与人随机抽取一个有关 Z 所在区间的私人信息，交易者根据抽取到的私人信息在市场中交易。

第二节　实验设计及过程

一、实验被试和实验手段

目前预测市场理论研究的实验室实验中的被试多为学生，企业内部的预测市场实验中的参与人以公司雇员为主。本章实验被试主要来源于南开大学泽尔滕实验室被试数据库，他们均是自愿报名参加，并经过实验组织方的筛选，且以前未参加过类似的实验。

本实验同个人所得税免征额预测市场实验和结果离散的抽球实验一样也由两部分组成：风险态度测试实验和市场交易实验。为了合理地控制实验流程，防止实验数据的污染，风险态度测试实验是手工实验，而市场交易实验是在计算机局域网中进行的，局域网中有独立的决策空间，能够充分保证被试抽到的信息其他人无法看到，每一个被试都不知道其他被试抽到纸条的信息情况。整个实验过程不允许被试通过手机等通信工具与外界交流。实验主持人由实验经济学专业的教授或者博士生担任，由该研究方向的硕士生担任实验助手。局域网实验基于南开大学泽尔滕实验室自主研发的泽尔滕证券交易系统。

二、实验过程

本章的实验是 2012 年 1 月 2 日、1 月 5 日、1 月 6 日和 1 月 8 日在专业的决策科学实验室进行的，所有的交易决策均是在独立的小隔间内完成的。共有 30 名来自于南开大学和天津大学的研究生或者高年级的本科生被试参加，其中 1 月 8 日被试是参加过前面三局随机选择的，所有的被试都是通过校园 BBS 招募自愿报名参加的，经过实验组织者的筛选，前三局实验被试均是没有相关实验经验的。具体实验结构见表 5.1。

表 5.1 猜数预测实验结构

实验代码	日期	被试人数	被试经验	私人信息个数	轮数	每轮时长
S1	2012 年 1 月 2 日	10	无	2	10	200 秒
S2	2012 年 1 月 5 日	10	无	3	10	200 秒
S3	2012 年 1 月 6 日	10	无	2	10	200 秒
S4	2012 年 1 月 8 日	10	有	2	10	200 秒
S5	2012 年 1 月 8 日	10	有	3	10	200 秒

每局实验过程如下。

1. 被试签到，抽取编号条

实验助手引导被试进入实验导读室后签到，所有被试到齐后，实验主持人示意实验助手到被试面前，令其随机抽取编号条，编号条分别标有 0001、0002、0003、0006、0007、0008、0009、0010、0011、0012，该编号对应着局域网中的计算机的编号，之所以没有连续编号的原因是局域网中的 0004 和 0005 号计算机鼠标不灵敏，为了确保交易阶段实验的通畅，所以在随机抽取编号阶段没有编号 0004 和 0005。实验主持人提醒被试保存好编号，编号是被试在全部实验中唯一的识别标志，是被试领取实验收益的凭证，实验全部结束后，根据每个被试在实验中的决策计算被试在实验中获得的总收益，凭借编号条获得实验现金收入，也通过编号来追踪和锁定所有被试的相关信息以及交易行为。

2. 个人信息调查

编号抽取完毕后，实验助手发放调查问卷，问卷包含如下信息：性别、民族、政治面貌、专业、是否有股票交易经验、是否来自于城镇、父母的学历、家庭年均收入以及对自己风险态度的判断等信息，见第四章表 4.2。等待所有的被试将基本情况调查表填写完毕，实验助手收齐基本情况调查表。

3. 风险态度测试

调查表收齐后，实验主持人向被试发放风险态度测度实验表并大声朗读风险态度测验的实验说明，风险态度的测度采用非互动的基于彩票对的选择，根据被试在实验中的选择行为推断被试的风险态度。为了减少被试的计算成本，本书改进了霍特和劳里（Holt and Laury, 2002）的彩票对设计（见表 3.3），将彩票 A 设定为风险彩票，即有 1/2 的概率获得 600 G$，有 1/2 的概率获得 0 G$，而彩票 B 是一个从第一个决策情境开始递增的序列，确定性收益最小为 80 G$，最大为 320 G$。让被试对每个决策情境进行选择，所有被试全部选择完毕后，令其中一名被试当众从一个装有 13 个白球的箱子中抽取一个球，13 个白球上分别标有数字 1~13，实验主持人公开宣布现金支付的决策情境，13 个决策情境被抽中的概率是相同的。抽中的白球上的数字是 x，则决策情境 x 被真实支付，如果被试在决策情境 x 中选择彩票 B，则该被试将获得该决策情境下的确定性收益，如果被试在决策情境 x 中选择的是彩票 A，则需要实验助手通过掷骰子的方法决定被试的收益，如果骰子朝上的点数为 1、2 或者 3，则被试获得收益 600 G\$，如果骰子朝上的点数为 4、5 或者 6，则被试的收益为 0。此外需要提醒被试在表中相应位置记录自己的编号（如表 5.2 所示）。

表 5.2 猜数实验中的风险态度测度表

决策情境	彩票 A	彩票 B	你的选择
1	1/2 的概率获得 600G\$，1/2 的概率获得 0	确定性收益 80 G\$	A□B□
2	1/2 的概率获得 600G\$，1/2 的概率获得 0	确定性收益 100 G\$	A□B□
3	1/2 的概率获得 600G\$，1/2 的概率获得 0	确定性收益 120 G\$	A□B□
4	1/2 的概率获得 600G\$，1/2 的概率获得 0	确定性收益 140 G\$	A□B□
5	1/2 的概率获得 600G\$，1/2 的概率获得 0	确定性收益 160 G\$	A□B□
6	1/2 的概率获得 600G\$，1/2 的概率获得 0	确定性收益 180 G\$	A□B□
7	1/2 的概率获得 600G\$，1/2 的概率获得 0	确定性收益 200 G\$	A□B□
8	1/2 的概率获得 600G\$，1/2 的概率获得 0	确定性收益 220 G\$	A□B□
9	1/2 的概率获得 600G\$，1/2 的概率获得 0	确定性收益 240 G\$	A□B□
10	1/2 的概率获得 600G\$，1/2 的概率获得 0	确定性收益 260 G\$	A□B□
11	1/2 的概率获得 600G\$，1/2 的概率获得 0	确定性收益 280 G\$	A□B□
12	1/2 的概率获得 600G\$，1/2 的概率获得 0	确定性收益 300 G\$	A□B□
13	1/2 的概率获得 600G\$，1/2 的概率获得 0	确定性收益 320 G\$	A□B□

4. 实验说明讲解

实验助手分发实验说明，实验主持人进行讲解。其中 S1 实验说明见附录 E。主持人在实验导读室大屏幕上用幻灯片演示随机数生成器，如图 5.1 所示，点击后屏幕上的红色字体数值会随机变动，每局

实验中生成的 x 都是随机的，且任何被试都不知道，只有实验主持人知道。

图 5.1　随机数生成器

将 1 至 100 划分为五个连续的区间，分别为 $[1,20]$、$[21,40]$、$[41,60]$、$[61,80]$、$[81,100]$，5 个区间分别对应 5 只彩票 A、B、C、D、E，x 落入哪个区间，那个区间所对应的彩票在 10 轮实验结束后的价值就是 100 G\$，否则为 0。如果随机生成的 x 为 42，则彩票 C 在 10 轮实验结束后的价值是 100 G\$，其他各只彩票的价值为 0。

实验共进行 10 轮，前 8 轮包括抽取私人信息、推测和交易三个阶段，最后 2 轮没有私人信息抽取阶段，只有推测和交易阶段。

在被试第一轮抽取私人信息之前，他们已经被引导进入实验区独立隔离的计算机终端，实验组织者已经提前打开服务器和与其联网的计算机终端，终端界面的泽尔滕证券交易系统已经打开，界面如图 5.2 所示，被试可以根据实验刚开始随机抽取的编号直接登录，系统已经提前将编号作为用户名提前注册完毕，无须被试重新注册。每个账户中有五只彩票各 20 张和 10000 G\$交易货币。

单轮实验结构如下：

（1）抽取私人信息阶段，实验助手将一个装有十张纸条的盒子拿到被试面前，被试随机抽取其中一张纸条，纸条上分别标有"空""非 A""非 B""非 C""非 D""非 E"等字样。"非 X"（$X \in$（A，B，C，

D, E）） 代表随机生成的 x 不在彩票 X 所对应的区间内，"空"表示该轮被试没有得到任何信息。S1、S3、S5 实验前八轮每轮有两个纸条带有有关 x 的信息，其余为"空"；S2 和 S4 实验前八轮每轮有 3 个纸条带有有关 x 的信息，其余为"空"。提醒被试在抽取完纸条后在实验说明后的记录单上做相应记录。

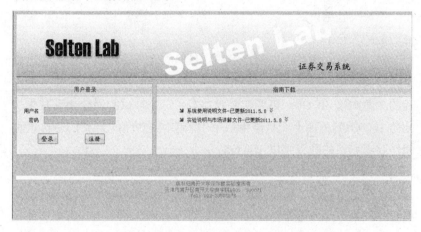

图 5.2　Selten Lab 证券交易系统登录界面

（2）令被试推测胜出彩票，所谓胜出彩票，即 x 所在区间所对应的彩票，提醒被试在记录单的相应位置上打钩，10 轮实验中每推测正确一次，获得 50 G\$[①]，实验组织者提醒并监督被试每轮做好推测记录，不允许被试在本轮得到信息后涂改以前的记录，否则该推测无效。

（3）市场交易阶段，10 个被试全部推测完毕后，进入交易阶段，交易系统与第三章个人所得税免征额、第四章抽球实验中所采用的系统基本一致，均为 Selten 证券交易系统，该系统是基于 Microsoft Visual Studio 2010 平台开发的。交易规则与现行的深沪市交易规则类似，每只彩票单独实行连续竞价双向拍卖制度，市场没有涨停板和跌停板的

[①] 在 S1 实验中，每正确推测一次，被试获得的收益为 25 G\$。

限制。被试的 20 张彩票和 10000 G\$是其交易基础，他们可以根据抽到的信息以及其他人的报价情况决定对彩票的买卖价格和数量。每轮交易持续 200 秒，实验主持人在每轮交易开始后开始计时，200 秒一到提醒被试撤销掉市场中的委托买卖记录，退出交易系统，等待下一轮抽取信息。

单轮实验结束后进入下一轮实验，重复上述三个环节，10 轮实验中均是同一个 x。

被试实验总收益由三部分组成：风险态度测验收益、推测胜出彩票的收益和市场交易收益。推测胜出彩票的收益等于 10 轮实验推测正确的次数乘以 50 G\$；市场交易收益等于每个被试的现金余额减去初始的 10000 G\$再加上交易结束后手中彩票的总价值，彩票的总价值也就是胜出彩票的数量乘以 100 G\$。

解释完实验说明后，实验主持人向被试展示如何在 Selten 证券交易系统中进行操作，账户信息如图 5.3 所示，我的账户选项卡下，页面正中间是"我的历史交易"，在这里可以看到自己全部的历史交易记录，包括成交双方编号、成交彩票名称、成交彩票数量和价格以及成交时间。"我的历史交易"正下方是"我的委托"，是指已经提交到市场中等待提交的委托买入或者委托卖出的记录，可以通过点击"取消"按钮撤销委托买卖。页面右上方是个人信息，页面右下方是目前账户中的彩票存货和现金情况，当一笔委托买入提交成功后，系统会自动把该委托买入的现金冻结，账户中的可用余额是现金余额减去委托买入总价值后的值。系统交易界面如图 5.4 所示，页面正中间为彩票的价格走势，通过点击走势图上边的"选择查看市场"可以看到其他几只彩票的市场价格走势，价格走势图下方是实时交易行情。页面右上方是操作区域，可以委托买入和卖出彩票，一笔委托交易成功提交到市场中后如果无法与当前市场中的买入或卖出匹配，则该委托也进入市场中等待显示在页面右下方的委托信息队列中。

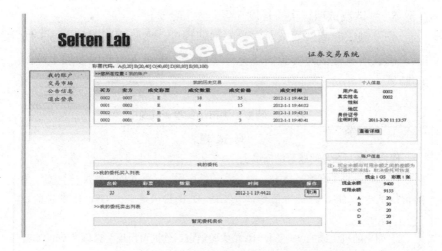

图 5.3　猜数预测市场实验系统——我的账户

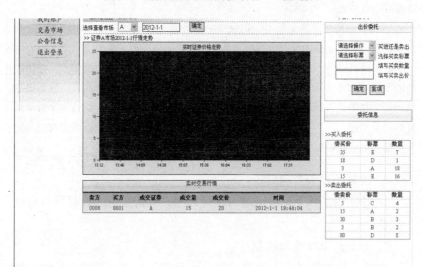

图 5.4　猜数预测市场实验系统——交易市场

实验说明讲解完毕后，实验主持人回答被试对实验说明提出的疑问，不允许被试之间相互交流。

5. 测试被试理解实验程度

分发测试题测试被试对实验的理解程度，实验测试题如表 5.3 所示，确认所有被试对实验情境充分了解后方能进入实验区参加上述的实验。

表 5.3 猜数预测市场实验测试题

测 试 题
请将答案写在各问题后的横线上。 1. 如果随机生成的 x 是 43，10 轮实验结束后，彩票 A 的价值是＿＿＿G\$，B 的价值是＿＿＿G\$，C 的价值是＿＿＿G\$，D 的价值是＿＿＿G\$，E 的价值是＿＿＿G\$。 2. 如果随机生成的 x 是 84，10 轮实验结束后你的可用现金余额是 9000 G\$，且你手中有彩票 A、B、C、D、E 的张数分别为 4、13、8、19、25 张，那么买卖阶段你的收益是＿＿＿G\$。 3. 如果随机生成的 x 是 19，记录单中你推测的 A、B、C、D、E 的次数为 4、2、1、2、1，那么你的全部推测收益是＿＿＿G\$。 4. 如果前四轮你抽到的信息分别为"非 A""空""空""非 D"，在第四轮的交易环节你认为价格最高的彩票应该是＿＿＿＿（一只或者几只）；如果在第四轮交易中有人对彩票 B、C、E 的成交价分别为 50、44、5，你认为 x 最可能对应的彩票是＿＿＿＿，你觉得能够从其他参与人报价和成交价中推断出其他人所抽到的信息吗？＿＿＿＿（A 可以；B 不可以；C 部分可以）

6. 被试填写调查问卷

10 轮实验结束后，被试填写实验问卷，等待主持人计算所有被试的收益。

7. 计算并发放实验收益

实验主持人将风险态度测试收益、推测收益以及市场交易收益加总，得出每个被试的收益，按照 100 G\$=1 元人民币的比例转换成人民币，被试凭借编号条领取现金收益，实验结束。

第三节　实验结果分析

本节将从宏观市场和微观市场两个层面来分析实验结果，宏观层面本书考察信息强度和交易经验对价格收敛速度的影响，微观层面本书将考察风险态度对交易行为的影响。S1—S5 实验信息结构如表 5.4 所示。

表 5.4　实验 S1—S5 私人信息一览表

	实验 S1	实验 S2	实验 S3	实验 S4	实验 S5
随机 x	77	52	14	6	69
胜出彩票	D	C	A	A	D
被试经验	无	无	无	有	有
信息个数	2	3	2	2	3
第 1 轮	$\overline{EE}$	$\overline{BBE}$	$\overline{CC}$	$\overline{CC}$	$\overline{BBE}$
第 2 轮	$\overline{EE}$	$\overline{BBD}$	$\overline{DC}$	$\overline{DC}$	$\overline{ABB}$
第 3 轮	$\overline{AA}$	$\overline{BEE}$	$\overline{DE}$	$\overline{DE}$	$\overline{BEE}$
第 4 轮	$\overline{BB}$	$\overline{AAD}$	$\overline{EE}$	$\overline{EE}$	$\overline{AAC}$
第 5 轮	$\overline{AA}$	$\overline{AAC}$	$\overline{CE}$	$\overline{CE}$	$\overline{AAE}$
第 6 轮	$\overline{BB}$	$\overline{BDD}$	$\overline{BD}$	$\overline{BD}$	$\overline{ACC}$
第 7 轮	$\overline{CC}$	$\overline{DEE}$	$\overline{BB}$	$\overline{BB}$	$\overline{CEE}$
第 8 轮	$\overline{CC}$	$\overline{BDD}$	$\overline{BD}$	$\overline{BD}$	$\overline{BCC}$

注：实验 S1 第一轮私人信息"$\overline{EE}$"表示在实验 S1 第 1 轮实验中被试抽取的私人信息有两个"非 E"，其他纸条上的信息为"空"。

资料来源：作者根据实验总结。

一、市场整体绩效

S1—S5 实验中各彩票每轮的平均交易价格和交易量以及交易笔数见表 5.5、表 5.6、表 5.7、表 5.8 和表 5.9，相应的单轮平均价格走势见图 5.5、图 5.6、图 5.7、图 5.8 以及图 5.9。

表 5.5　实验 S1 各轮平均交易价格及其成交量和成交笔数

轮数	$\overline{P_{Ai}}$	$\overline{P_{Bi}}$	$\overline{P_{Ci}}$	$\overline{P_{Di}}$	$\overline{P_{Ei}}$	成交量	成交笔数	平均单笔交易量
第 1 轮	53	—	—	—	15.5	23	4	5.8
第 2 轮	50	—	—	40	22.5	30	8	3.8
第 3 轮	25	—	—		23	15	5	3.0
第 4 轮	—	34.7	40	—	18	29	9	3.2
第 5 轮	—	—		46	—	14	4	3.5
第 6 轮	—	15	46.4	45	—	35	7	5.0
第 7 轮	—	18.75	32	45	—	38	9	4.2
第 8 轮	—	10	25	52	—	30	8	3.8
第 9 轮	4	—	20	44	5	60	8	7.5
第 10 轮	4	9.4	10	—	3.2	72	9	8.0
合计	9.1	20.6	30.7	45.4	13.9	346	71	4.9

注：1. $\overline{P_{Ai}}$、$\overline{P_{Bi}}$、$\overline{P_{Ci}}$、$\overline{P_{Di}}$、$\overline{P_{Ei}}$ 分别代表彩票 A、B、C、D、E 在各轮的平均交易价格，是以每轮实验成交的数量为权重计算出来的平均价格。

2. 成交笔数是一轮实验中委托买卖达成的次数，成交量为每轮实验中所有彩票的成交数量之和，平均单笔交易量是成交量与成交笔数之商。

3. "—"代表本轮中该彩票没有成交记录。

资料来源：作者根据实验数据整理计算。

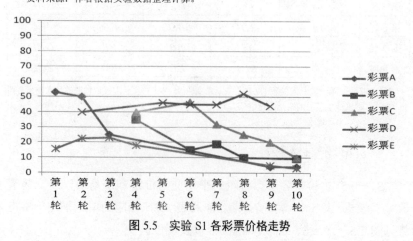

图 5.5　实验 S1 各彩票价格走势

表 5.6　实验 S2 各轮平均交易价格及其成交量和成交笔数

轮数	$\overline{P_{Ai}}$	$\overline{P_{Bi}}$	$\overline{P_{Ci}}$	$\overline{P_{Di}}$	$\overline{P_{Ei}}$	成交量	成交笔数	平均单笔交易量
第 1 轮	—	37	60	20	—	37	8	4.6
第 2 轮	—	—	21	40		30	4	7.5
第 3 轮	30	20	76.7	30	30	75	9	8.3
第 4 轮	—	—	91.3	12.5	—	35	7	5.0
第 5 轮	10	3	—	—	16.7	50	6	8.3
第 6 轮	10	3	95	10.6	10	118	13	9.1
第 7 轮	7.7		95	—	17.5	39	8	4.9
第 8 轮	8	—	98.2	—	—	55	7	7.9
第 9 轮	3.3	2	97.8	1	4	71	7	7.9
第 10 轮	5	—	96	1	—	11	6	1.8
合计	7.5	17.3	91.2	13.1	21.0	521	77	6.8

注：1. $\overline{P_{Ai}}$、$\overline{P_{Bi}}$、$\overline{P_{Ci}}$、$\overline{P_{Di}}$、$\overline{P_{Ei}}$ 分别代表彩票 A、B、C、D、E 在各轮的平均交易价格，是以每轮实验成交的数量为权重计算出来的平均价格。

2. 成交笔数是一轮实验中委托买卖达成的次数，成交量为每轮实验中所有彩票的成交数量之和，平均单笔交易量是成交量与成交笔数之商。

3. "—" 代表本轮中该彩票没有成交记录。

资料来源：作者根据实验数据整理计算。

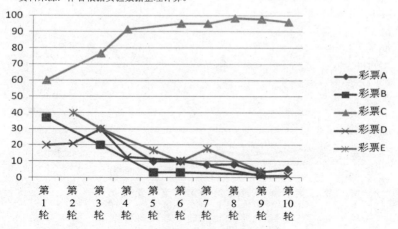

图 5.6　实验 S2 各彩票价格走势

表 5.7　实验 S3 各轮平均交易价格及其成交量和成交笔数

轮数	$\overline{P_{Ai}}$	$\overline{P_{Bi}}$	$\overline{P_{Ci}}$	$\overline{P_{Di}}$	$\overline{P_{Ei}}$	$\overline{P_{Ai}}$	成交笔数	平均单笔交易量
第 1 轮	—	15	20	—	—	7	2	3.5
第 2 轮	20	—	—	20	15	11	5	2.2
第 3 轮	—	10	—	9.125	20	23	7	3.3
第 4 轮	—	10	—	13.333	4.3	40	8	5.0
第 5 轮	15.667	7.5	9.385	10	—	68	12	5.7
第 6 轮	18.33	10	10	15	10	43	11	3.9
第 7 轮	—	10	—	11.667	10	30	6	5.0
第 8 轮	65	6.25	—	9.167	—	40	10	4.0
第 9 轮	50	4,4	—	7.727	5	18	8	2.3
第 10 轮	80	2.75	7.333	5	—	26	8	3.3
合计	21.5	7.9	9.2	11.5	9	306	77	4.0

注：1. $\overline{P_{Ai}}$、$\overline{P_{Bi}}$、$\overline{P_{Ci}}$、$\overline{P_{Di}}$、$\overline{P_{Ei}}$ 分别代表彩票 A、B、C、D、E 在各轮的平均交易价格，是以每轮实验成交的数量为权重计算出来的平均价格。

2. 成交笔数是一轮实验中委托买卖达成的次数，成交量为每轮实验中所有彩票的成交数量之和，平均单笔交易量是成交量与成交笔数之商。

3. "—"代表本轮中该彩票没有成交记录。

资料来源：作者根据实验数据整理计算。

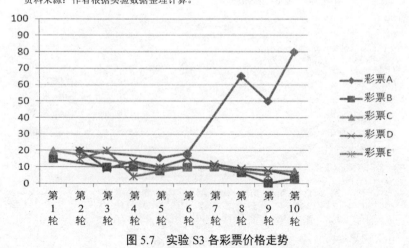

图 5.7　实验 S3 各彩票价格走势

表 5.8 实验 S4 各轮平均交易价格及其成交量和成交笔数

轮数	$\overline{P_{Ai}}$	$\overline{P_{Bi}}$	$\overline{P_{Ci}}$	$\overline{P_{Di}}$	$\overline{P_{Ei}}$	成交量	成交笔数	平均单笔交易量
第 1 轮	20	40	20	50	—	15	8	1.9
第 2 轮	40	30	—	30	20	21	10	2.1
第 3 轮	25	10	—	—	39.1	23	13	1.8
第 4 轮	24.5	30	—	—	13.2	35	24	1.5
第 5 轮	31.1	—	—	—	15	12	5	2.4
第 6 轮	20.1	20.5	—	—	20	37	16	2.3
第 7 轮	2	20.2	—	—	12.9	46	15	3.1
第 8 轮	—	50	—	—	9.4	9	7	1.3
第 9 轮	1	69.5	—	—		8	4	2.0
第 10 轮	1.6	—	1	—		10	11	5	2.2
合计	15.9	29	20	27	18.4	217	107	2.0

注：1. $\overline{P_{Ai}}$、$\overline{P_{Bi}}$、$\overline{P_{Ci}}$、$\overline{P_{Di}}$、$\overline{P_{Ei}}$ 分别代表彩票 A、B、C、D、E 在各轮的平均交易价格，是以每轮实验成交的数量为权重计算出来的平均价格。

2. 成交笔数是一轮实验中委托买卖达成的次数，成交量为每轮实验中所有彩票的成交数量之和，平均单笔交易量是成交量与成交笔数之商。

3. "—"代表本轮中该彩票没有成交记录。

资料来源：作者根据实验数据整理计算。

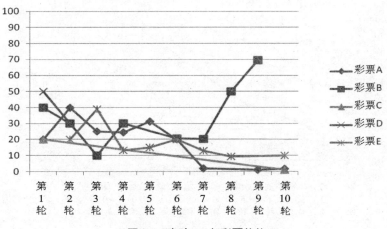

图 5.8 实验 S4 各彩票价格

表 5.9　实验 S5 各轮平均交易价格及其成交量和成交笔数

轮数	$\overline{P_{Ai}}$	$\overline{P_{Bi}}$	$\overline{P_{Ci}}$	$\overline{P_{Di}}$	$\overline{P_{Ei}}$	成交量	成交笔数	平均单笔交易量
第 1 轮	25	10	15	—		5	4	1.3
第 2 轮	19.3	—	18.5	25		26	15	1.7
第 3 轮	—	—	26.1	35		14	9	1.6
第 4 轮	1.9		17.2	40	40	18	10	1.8
第 5 轮	4.6	—	—	46.7	—	11	5	2.2
第 6 轮	5	10	5			16	7	2.3
第 7 轮	5	3	2.6	—	—	10	6	1.7
第 8 轮	6.8		4.6			15	5	3.0
第 9 轮	2	—	1	96		12	5	2.4
第 10 轮	1	2	1	99		11	5	2.2
合计	9.9	8.7	10.25	39.2	40	138	71	1.9

注：1. $\overline{P_{Ai}}$、$\overline{P_{Bi}}$、$\overline{P_{Ci}}$、$\overline{P_{Di}}$、$\overline{P_{Ei}}$ 分别代表彩票 A、B、C、D、E 在各轮的平均交易价格，是以每轮实验成交的数量为权重计算出来的平均价格。

2. 成交笔数是一轮实验中委托买卖达成的次数，成交量为每轮实验中所有彩票的成交数量之和，平均单笔交易量是成交量与成交笔数之商。

3. "—" 代表本轮中该彩票没有成交记录。

资料来源：作者根据实验数据整理计算。

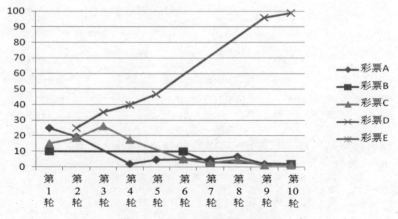

图 5.9　实验 S5 各彩票价格走势

二、个体预测准确性、市场活跃度、风险态度与人口统计特征

本书尝试着对 5 局实验中的单个交易者预测准确性与市场活跃性的相关因素进行了分析，自变量包括有效私人信息的个数、交易者风险态度、交易者性别、政治面貌、独生子女、家庭收入水平、股票交易经验等。其中，个体预测绩效以交易者在当局实验中的交易收益来衡量，因为在交易阶段，交易者对事件最终结果的感知越准确，其收益越高；交易者市场活跃度以该交易者在 10 轮实验市场中的成交笔数来衡量，其成交量越多，交易也就越积极；交易者风险态度以交易者在当局实验中的风险态度排序作为标准，前 5 名为风险规避型交易者，RA 为 0，后 5 名为风险偏好型交易者，RA 为 1；男性交易者 Gender 变量为 1，女性交易者 Gender 变量为 0；政治面貌为党员的交易者 Party 变量为 1，非党员交易者的 Party 变量为 0；交易者是独生子女的 S 变量为 1，非独生子女的 S 变量为 0；根据家庭年均收入从低到高，I 变量分别赋值为 1~5；如果交易者有股票交易经验，则 SE 为 1，否则 SE 为 0。具体见表 5.10 所示。

表 5.10　猜数实验回归模型因变量和自变量界定

变量名称	变量符号	变量定义
个体预测绩效	PP	用个人账户市场阶段的收益净值来作为个体交易者预测准确性的代理变量，即其现金余额加上手中彩票的价值再减去初始禀赋 12000（现金禀赋 10000 以及 20 张胜出彩票 2000）。
交易者市场活跃度	TF	个体交易者在抽球预测市场中成交的总交易笔数。
有效私人信息个数	PI	交易者在私人信息抽取阶段所抽取的信息个数，如果两次抽到 E，则即为 1 个有效信息。
风险态度	RA	根据被试在风险态度测验中的选择，将其风险态度进行排序，每局实验中前 10 名为风险规避型交易者，RA 为 0；后 10 名为风险偏好型交易者，RA 为 1。

变量名称	变量符号	变量定义
交易者性别	Gender	如果交易者性别为男，则 Gender 变量为 1，否则为 0。
政治面貌	Party	如果交易者为中共党员，则 Party 为 1，否则为 0。
独生子女	S	如果交易者为家庭中唯一子女，则 S 为 1，否则为 0。
家庭收入水平	I	家庭年均收入 0～2 万，I 值为 1；家庭年均收入 2 万～3 万，I 值为 2；家庭年均收入 3 万～5 万，I 值为 3；家庭年均收入 5 万～10 万，I 值为 4；家庭年均收入 10 万以上，I 值为 5。
股票交易经验	SE	如果被试有过股票交易经验，SE 则为 1，否则为 0。

资料来源：作者整理。

以单个交易者预测准确性 PP 和交易者市场活跃度 TF 为因变量进行了 OLS 回归，回归结果见表 5.11 所示。

表 5.11　个体交易者预测准确性和市场活跃度 OLS 模型回归结果

	PP	TF
Constant	232*** （4.23）	19.2*** （5.64）
PI	45.518*** （5.39）	6.214*** （3.23）
RA	12.134 （0.23）	4.257** （2.43）
Gender	−40.481 （−1.12）	0.346 （0.31）
Party	−10.273 （−0.56）	−0.698 （−0.43）
S	8.723 （0.39）	3.926** （2.23）
I	36.459* （1.68）	3.234* （1.73）
SE	18.832 （1.26）	3.574* （1.89）
N	50	50
R^2	0.39	0.41

注：***、**和*分别表示在 1%、5%和 10%的水平上统计显著。括号内的数值为 t 值。

从表 5.11 中可以发现，个体交易者预测准确性和交易者市场活跃度都与有效信息个数显著正相关，有效信息个数越多，其在市场中就越活跃，预测准确性也越高。女性在市场中相对不活跃，但比男性预测更加准确，女性在市场中比较谨慎，当然性别无论对预测准确性还是对市场活跃度影响均不显著。风险态度高的交易者在市场中交易更加活跃，但是风险态度对预测准确性无显著影响。政治面貌不影响交易者在市场中的预测精确性和市场活跃度。独生子女、家庭收入水平以及股票交易经验对市场活跃度影响显著，但对预测准确性无显著影响。

本章回归结果与上一章非参数检验的结果是基本一致的，个体交易者的预测准确性与风险态度无关，而风险态度对市场活跃度有显著的影响。

第四节　本章小结

本章针对一个结果为连续型的事件，在实验室中设计了一个猜数预测市场，在该市场中，事件结果仍然是随机"前定"的，尽管交易者并不知道事件的具体结果，通过随机向市场中释放不完全的私人信息来控制市场中信息的传递方式，将预测市场实践中不相关的因素剥离掉，在市场中严格控制信息的强度和被试的经验，通过双向拍卖机制决定证券的价格，一部分交易者获得有关预测结果的私人信息，在实验过程中不断增加私人信息的数量，观察各只彩票价格对信息的反应程度和信息对价格的调整作用。

在结果连续型事件的预测市场中，本章一方面考察了不同的信息强度、被试交易经验对市场收敛速度的影响；另一方面细致地考察了影响单个交易者准确预测的因素有哪些。本章的主要结论如下：

第一，信息强度对预测市场中的价格收敛有明显的影响。当每轮同时向市场中释放同质的不完全信息时，8 轮实验后价格仍然没有收敛的趋势。当每轮私人信息增加到 3 个时，胜出彩票迅速地向真实值收敛，交易者能够瞬时调整交易信念，市场能够把私人信息及时地传递到市场的价格中去。这与 Plott、Wit 和 Yang（2002）的结论相一致，即在简单的信息决策环境中理性预期模型的解释能力很强。

　　第二，在结果连续型事件的猜数预测市场中，交易者面临的决策环境比较简单。单个交易者的预测准确性及其在市场中的活跃度与其在市场中随机抽到的私人信息个数、风险态度、个别人口统计特征相关。随机抽到的有效信息越多，其个人的预测越准确，在市场中也比较活跃。风险偏好的交易者在市场中一般比较活跃，但其预测能力与其他交易者无显著差异；不同性别的参与者在预测准确性和交易活跃度上并无显著区别；有股票交易经验的交易者在市场中更加活跃，但预测准确性与无经验交易者无显著差别。

第六章　结论与展望

第一节　研究结论

　　风险和不确定性广泛存在于政治、经济、社会生活之中，在具体事件结果产生之前，人们无法知道美国下一届总统是谁，无法知晓房价和股票大盘的走势，无法预知个人所得税免征额的具体数值，无法知道企业一个新产品会产生多大的销售量。行为经济学和实验经济学证据表明，人们在决策过程中往往偏爱于确定性或者确定概率的选择。奈特首次区分了风险和不确定性，认为风险是可度量的不确定性，不确定性是不可度量的风险。预测市场，作为一种新兴的预测工具，在不确定性和风险之间架起了一座桥梁。

　　在信息多元化和行为异质性的不确定性世界中，对未来未知事件的估计和准确预测对于个人和组织至关重要。大量证据表明预测市场作为区别于传统预测工具的一种新型预测方法有着惊人的预测能力。预测市场的研究对推进经济理论发展和实践应用都有重要的意义。一方面预测市场验证了市场汇聚分散信息、传播信息和处理信息的能力；另一方面，预测市场为市场监管部门和市场运行主体提供了一种全新的信息收集方式。

　　预测市场作为新兴的、显著区别于传统预测方法的预测工具，不仅能够对目标预测事件的期望值进行点估计，而且还能够对事件的概

率分布做出预估。相对于其他预测工具，预测市场具有预测准确
（Accuracy）、反应即时（Immediacy）、强激励（Incentive）、洞见性
（Insight）、易扩展（Scalability）等优势，其在发达国家的政治选举、
公司决策、公共事件中的预测能力已经得到证实。如果将预测市场实
验移植到我国财税政策的预测中，市场能否真实地反映汇聚分散在大
众中的信念？预测绩效是否比其他预测方法更加准确？哪些事件作为
预测市场的目标更为恰当？市场中单个交易者预测准确性与交易者的
哪些特征有关？在目前的交易方式中哪种收益支付方式能够有效地激
励交易者在市场中真实地揭示自己的信念？基于此思路，本书自 2011
年 5 月 8 日起实施了为期 53 天的个人所得税免征额预测市场实验，针
对大众对个人所得税免征额的几个猜测聚点，在该市场设计了 5 个赢
者通吃型合约，这 5 个合约覆盖了个人所得税免征额的所有可能区间，
5 个合约在连续竞价双向拍卖市场中进行单独交易。2011 年 6 月 30
日全国人民代表大会常务委员会公布了个人所得税免征额为 3500 元，
市场结束。市场对个人所得税免征额产生了较为准确的预测，合约 B
在市场结束前两日价格显著高于其他合约，市场交易得出的结论显著
高于专家、名人微博等得出的预测。此外，按照交易者排名进行支付
的激励方法能够有效地揭示交易者的真实信念，交易者的风险态度对
于交易数量有显著正向影响，而风险态度对个体预测准确性并无显著
影响。

　　为什么预测市场能够将分散在大众中间的信息以证券价格的形
式汇聚？观察到预测市场在预测我国公共财政政策方面的预测能力
后，本书将"前定"事件结果的预测市场移植到实验室中，将其他不
相关的因素剥离掉，在第四章和第五章中设计了离散型事件结果的抽
球预测市场实验和连续型事件结果的猜数预测市场实验，在抽球预测
市场实验中考察不同信息抽取方式对预测市场价格收敛速度的影响，
在猜数预测市场实验中考察信息强度和被试经验对预测市场信息汇聚
速度的影响，在两个实验室预测市场中同时考察了交易者风险态度对

个体预测准确性和个体交易量的影响，发现交易者风险态度对交易量有正向影响，与交易准确性并不相关。主要结论如下：

第一，在结果离散型事件的抽球预测市场中，不同的信息进入方式对市场整体预测绩效有不同的影响，每次放回式抽取 10 个球的信息进入方式比不放回式每次抽取 1 个球的信息方式更容易让信息在市场汇聚，使得真实组合所对应彩票的价格迅速向其真实价值收敛。不放回式抽取一个球的信息进入方式可能是因为每次信息中只有一个球，该信息对信念改变的边际贡献太小以至于无法从市场的价格中窥探不完全的私人信息，这与普洛特、威特和杨（Plott、Wit and Yang，2002）的结论相一致，即在复杂的信息决策环境中理性预期模型的解释力大大下降。

第二，在结果离散型事件的抽球预测市场中，信息强度对预测市场中的价格收敛有显著的影响，每轮同时向市场中释放两个同质的不完全信息时，8 轮实验后价格仍然没有收敛的趋势。当每轮释放的私人信息增加到 3 个时，胜出彩票迅速地向真实价值收敛，交易者能够瞬时调整交易信念，市场能够把私人信息及时地传递到相应的合约价格中去。这与普洛特、威特和杨（Plott、Wit and Yang，2002）的结论相一致，即在简单的信息决策环境中理性预期模型的解释能力很强。

第三，无论是在结果离散型事件的抽球预测实验中还是在结果连续型的猜数预测实验中，数据分析结果都表明单个交易者的预测准确性与其风险态度无关，而交易者风险态度对市场活跃度有正向影响，风险偏好的交易者在市场中一般比较活跃，但其预测能力与其他交易者无显著差异。不同性别的交易者在预测准确性和市场活跃度上无显著区别。

第二节　展望

在信息多元化和行为异质性的不确定性世界中，对未来未知事件的估计和准确预测对于个人和组织至关重要。证据表明，即使偶尔出现偏差，整体而言，预测市场作为区别于传统预测工具的一种新型预测方法有着惊人的预测能力，其准确性仍然高于民意调查等传统的预测方法。预测市场拓展了市场的功能，在融通资本、承担和对冲风险等功能之外又挖掘了市场的另一大功能——预测功能。该机制基于的基本思想是市场能够有效地收集和分散信息，很多经济学家都阐述过该思想。特别是，理性预期理论认为市场不仅有能力汇聚分散在个人中间的信息，而且能够通过与信息相关的资产价格和数量传递信息。预测市场构建了一个基于信息而不是物质商品作为资产的市场，该市场中持有不同私人信息的交易者存在物质激励揭示自己的私人信念，它的有效运转验证了理性预期假说和金融市场上的有效市场假说。实验室市场已经证明预测市场确实能够在该类情境下汇聚信息。

尽管到目前为止，预测市场无论是在实验室中还是在企业实践中总体上运行良好，但毕竟预测市场仅仅有二十几年的历史，在其发展道路上仍然存在法律监管障碍，当前美国预测市场由商品期货交易委员会（Commodity Futures Trading Commission，简称 CFTC）实施监管，被该机构授权以真实货币实施交易的只有爱荷华大学的爱荷华电子市场，并且限定市场投资者投资上限为 500 美元，美国商品期货交易委员会市场监管部的菲尔柯林博士给本书作者的信中写道：目前美国商品期货交易委员会对预测市场没有进行"官方"定位，当前的金融立法授权 CFTC 可以禁止不符合公众利益的期货合约，然而，委员会仍然没有对预测市场进行任何形式的规制与劝告，美国本土之外的预测市场并不在美国司法的管辖范围之内，比如 Intrade（www.intrade.com）

和 IG Index（www.igindex.co.uk）。美国领土之内，得到委员会工作成员签署的交易许可函（No-action Letter）的仅有爱荷华电子市场。2008年，以诺贝尔经济学奖获得者肯尼思·阿罗（Kenneth J. Arrow）教授和机制设计专家保罗·米尔格罗姆教授为首的预测市场研究者在《科学》杂志上呼吁，预测市场在改善诸多领域社会福利方面存在巨大潜力，美国对预测市场的监管可能会鼓励其他国家加速该预测工具的研究，帮助预测市场实现其巨大潜力的第一步是扫除监管障碍，这些监管绝不应该成为社会生产力创新的桎梏。预测市场从实验室走出来，应用到合意的情境中并在应用过程中逐步完善仍然需要经济学家、管理学家、计算机专家和心理学家等跨领域的通力合作。

附 录

附录 A 个人所得税免征额预测市场风险态度测试
实验说明

欢迎大家来到泽尔滕实验室，在预测市场实验开始之前，我们首先进行一个真实支付的小测验。请在下表所示的决策情境中做出你的选择，在表中相应位置中划√，你们所有人决策完毕后，令你们中一位同学从装有 13 个白球（球上分别标有 1～13）的箱子中抽取一个球，球的号码是进行真实支付的决策情境。如果抽中球的标号是 8 而你选择 A，则实验助手会到你面前通过掷骰子的方式决定你的收益，如果骰子为 1、2 或 3 点则你得到 600 G$（Game Dollar），骰子是 4、5 或 6 点你得到 0 G$；如果抽中球的标号是 8 而你选择 B，你将获得 220 G$。

本研究得到以下基金项目的支持：国家自然科学基金面上项目（70972086），教育部人文社会科学重点研究基地重大项目（10JJD630002），国家社会科学重点项目（10zd&035）。

你的编号_____（实验助手分发实验说明时会请你抽取一个纸条，纸条上数字即是你的编号）。

决策情境	A	B	你的选择	
			A	B
1	1/2 的概率获得 600G$，1/2 的概率获得 0	确定性收益 80 G$		
2	1/2 的概率获得 600G$，1/2 的概率获得 0	确定性收益 100 G$		
3	1/2 的概率获得 600G$，1/2 的概率获得 0	确定性收益 120 G$		
4	1/2 的概率获得 600G$，1/2 的概率获得 0	确定性收益 140 G$		
5	1/2 的概率获得 600G$，1/2 的概率获得 0	确定性收益 160 G$		
6	1/2 的概率获得 600G$，1/2 的概率获得 0	确定性收益 180 G$		
7	1/2 的概率获得 600G$，1/2 的概率获得 0	确定性收益 200 G$		
8	1/2 的概率获得 600G$，1/2 的概率获得 0	确定性收益 220 G$		
9	1/2 的概率获得 600G$，1/2 的概率获得 0	确定性收益 240 G$		
10	1/2 的概率获得 600G$，1/2 的概率获得 0	确定性收益 260 G$		
11	1/2 的概率获得 600G$，1/2 的概率获得 0	确定性收益 280 G$		
12	1/2 的概率获得 600G$，1/2 的概率获得 0	确定性收益 300 G$		
13	1/2 的概率获得 600G$，1/2 的概率获得 0	确定性收益 320 G$		

附录 B　个人所得税免征额预测市场实验说明

欢迎大家参加个人所得税免征额（以下简称个税免征额）预测市场实验，本研究得到以下基金项目的支持：国家自然科学基金面上项目（70972086），教育部人文社会科学重点研究基地重大项目（10JJD630002），国家社会科学重点项目（10zd&035）。本实验以证券交易系统为载体，2011 年 5 月 8 日零点开始交易，交易网址为 http://192.168.0.1/。该系统涵盖中华人民共和国个人所得税免征额不同范围的 5 只股票。本实验以全国人大常委会通过的《个人所得税法修正案》确定最终个税免征额之日为交易结算日。

个人所得税免征额是国家制定的税收制度，4 月 25 日，中国人大网 www.npc.gov.cn 公布了第十一届全国人大常委会第二十次会议审议未通过的《中华人民共和国个人所得税法修正案（草案）》，其中草拟的个税免征额为 3000 元，公开向社会公众征求意见，意见征求期为 4 月 25 日—5 月 31 日，截至 2011 年 5 月 7 日 18:30，共征取到 197946 条意见。

整个预测市场实验设计如下：该交易系统共发行 5 只股票，分别记为 A、B、C、D、E。官方（即中国人大常委会）最终通过公布的个税免征额记为 X。每只股票在交易结算日的收益跟官方公布的 X 有关。5 只股票在交易结算日的价值分别如下：

如果 $0 \leqslant X \leqslant 3000$，A 股票的交易结算价值为 100 交易币，否则为 0；

如果 $3000 < X \leqslant 3500$，B 股票的交易结算价值为 100 交易币，否则为 0；

如果 $3500 < X \leqslant 4000$，C 股票的交易结算价值为 100 交易币，否则为 0；

如果 $4000 < X \leqslant 5000$，D 股票的交易结算价值为 100 交易币，否则为 0；

如果 $X > 5000$，E 股票的交易结算价值为 100 交易币，否则为 0。

每一个新注册的账户中将有 100 手股票组合（即 A、B、C、D、E 股票各 100 股）和 10000 交易币，每个人只允许注册一个账户。交易者进入市场交易之前，需要注册账户，注册账户需要提供如下个人信息：姓名、性别、年龄、身份证号、专业、职业、工资收入、受教育年限、家庭人口数、工作地、电子邮件、手机号等个人信息，我们将严格保密交易者个人信息，保证该信息仅用于研究目的。交易结算日，我们将你手中的所有股票的交易结算价值与你的账户中交易币数加总，然后根据所有交易者的加总值进行排序，根据排序现金支付，第一名将获得 50 元人民币，第二名将获得 45 元人民币，第三名将获得 40 元人民币，第四名将获得 35 元人民币，第五名将获得 30 元人民币，第六名将获得 25 元人民币，第七名将获得 20 元人民币，第八名将获得 15 元人民币，第九名将获得 10 元人民币，第十名将获得 5 元人民币。

本市场实行股票交易模式，股票 A、B、C、D、E 按照双向拍卖制度单独进行交易。每只股票单独实行连续竞价交易机制，即对买卖申报逐笔连续撮合的竞价方式，交易规则如下：买入操作时，交易者做出买入决定在交易系统中输入委托值之后，如果买入的委托价格等于其他交易者申报的最低卖出价格，则以该价格成交；如果委托买入的价格低于当前揭示的最低委托卖出价格，则没有交易达成，该委托行为进入等待序列中；如果委托买入的价格高于当前揭示的最低委托卖出价格，则按照当前即时揭示的最低委托卖价成交。同样，卖出操作时，交易者做出卖出决定在交易系统中输入委托值之后，如果委托卖出的价格等于当前揭示的最高买入价格，则以该价格成交；如果委托卖出的价格大于当前揭示的最高买入价格，则没有交易达成，该委托行为进入等待序列中；如果委托卖出的价格小于当前揭示的最高买入价格，则按照当前揭示的买入价格成交。交易系统按照价格优先原则，如果价格相同则按照时间优先的原则。交易者可以随时撤销交易系统中未成交的委托，重新报价，系统每 5 秒钟更新一次，交易系统不设涨停板，可以进行 t+0 操作，即当日买进的股票可以当日卖出，但不允许买空和卖空行为，实行 7（days）×24（hours）交易。

　　交易结算日会根据你的全部股票结算价格另外加上你账户中的交易币进行排名，然后根据排名支付现金给你们。

　　交易界面如图：

图 1　交易系统

1. 进入操作界面，注册账户，如图 1。

2. 填写注册信息，见图 2。

图 2　注册界面

3. 登录后，界面左上方"我的账户"中显示你的个人信息、初始禀赋以及委托的出价和卖价、成交的历史记录、未成交的委托等信息，如图3，同时可以点击"未成交的委托"来撤销该委托。

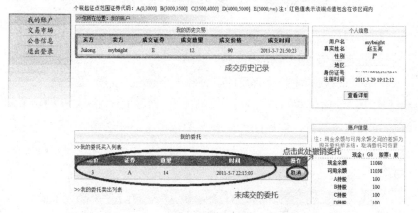

图3　我的账户

4. 点击左上方"交易市场"可以查询某只股票的价格走势、交易量，执行买入和卖出操作，见图4。

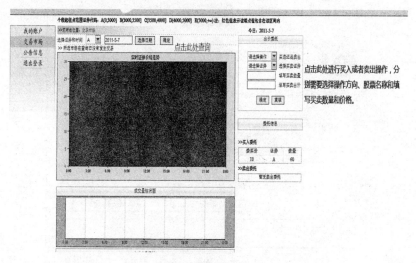

图4　交易界面

5. 通过点击主页左上方"退出登录"退出交易系统。

附录 C　系统使用说明

1. 注册—登录以及重要问题

（1）如果点击注册没有反应，请打开 internet 选项，"安全"选项卡，选中"受信任的站点"，点击"站点"，将该地址 http://192.168.0.1 添加为可信任站点，然后回到"安全"选项卡，在选中"受信任的站点"后，"自定义级别"，设置安全性为低。如果没有此现象，跳过此操作。

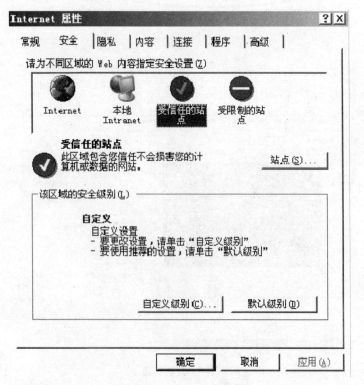

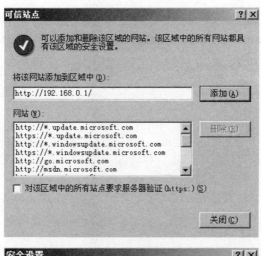

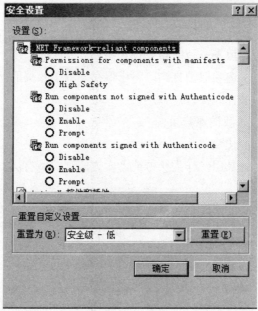

（2）如果您的身份证号最后一位是字母 X，请注意注册时候要大写。

（3）如果您的浏览器支持智能填表功能，请取消该地址的智能填表，具体操作如下：

工具—智能填表—智能填表设置：

将智能填表选项取消打钩，将已保存表单中该页面删除。如果没有此现象可不进行此操作。

2. 登录进入我的账户页面

（1）我的历史交易

显示的是登录用户作为买方或者卖方成交的所有历史交易。

我的历史交易					
买方	卖方	成交证券	成交数量	成交价格	成交时间
xs	chenguanyu	C	4	28	2011-4-25 19:33:48
xs	chenguanyu	C	2	28	2011-4-25 19:05:41
xs	chenguanyu	C	4	30	2011-4-25 19:00:04
mybright	xs	C	3	30	2011-4-25 16:56:25
xs	xs	C	5	30	2011-4-25 16:33:49
rx	xs	A	2	35	2011-4-24 20:08:50
xs	rx	A	4	32	2011-4-24 20:05:22
rx	xs	A	3	35	2011-4-24 20:04:20

1 2 3 4 5 6

（2）我的委托

显示当前登录用户未成交的有效买入和卖出证券委托信息，每一个用户在证券市场中只允许做出一个有效买入和卖出委托，点击"取消"按钮可以取消做出的委托，买入证券的委托取消会恢复可用资金占用。

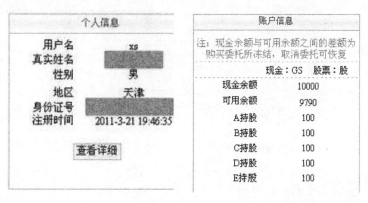

3. 我的信息与我的账户信息

显示我的基本信息和账户信息，包括现金余额、可用余额（现金余额减去委托买入证券所占用的资金）、持有证券数量等。

在个人信息中点击"查看详情"，可以查看完整的个人信息，并且进行修改。

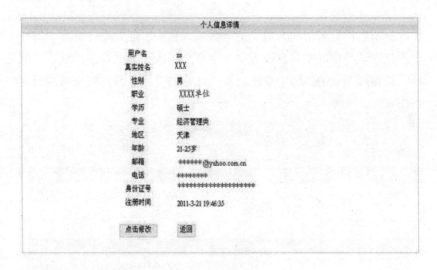

点击"点击修改"可以进行信息修改，并保存。

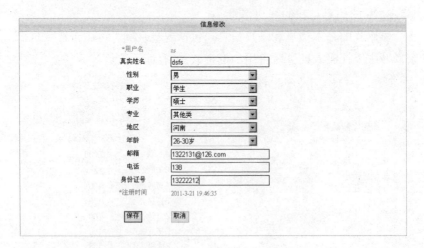

4. 进入交易市场页面

（1）实时市场行情（实时证券价格、实时成交量、实时交易行情）

选择证券、时间可以查看所选证券市场在所选日期的价格走势和成交量柱状图以及成交记录（仅显示最新 10 笔交易记录，不足 10 笔交易显示全部，实时更新）。

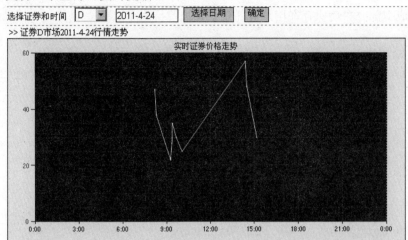

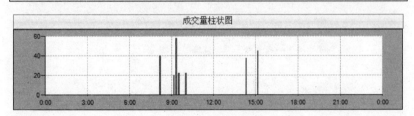

实时交易行情						
卖方	买方	成交证券	成交量	成交价	时间	
xs	rx	D	45	30	2011-4-24 15:10:22	
xs	rx	D	22	48	2011-4-24 14:29:22	
rx	xs	D	15	57	2011-4-24 14:22:33	
rx	xs	D	22	25	2011-4-24 10:02:22	
xs	rx	D	22	30	2011-4-24 9:38:22	
xs	rx	D	12	35	2011-4-24 9:22:25	
xs	rx	D	23	29	2011-4-24 9:21:22	
xs	rx	D	23	28	2011-4-24 9:20:30	
rx	xs	D	20	22	2011-4-24 9:15:22	
xs	rx	D	17	38	2011-4-24 8:16:22	

（2）委托交易

选择委托操作，数量，证券，价格（出价只能为整数），点击"确定"做出委托，采用价格优先、时间优先连续竞价原则实时成交，未成交部分自动保存在用户委托记录中，等待成交。

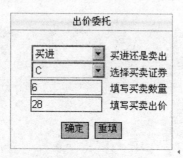

（3）委托信息

显示所有证券市场中，最新 5 次委托信息。

委托信息

>>买入委托

委买价	证券	数量
30	C	7

>>卖出委托

委卖价	证券	数量
20	A	6
35	C	30

5. 公告信息页面

查看公告，点击"查看详细"，查看公告详细内容。

>>您所在的位置：公告信息

标题	时间	操作
个税起征点实验说明	2011-4-30 21:36:11	查看详细

附录 D　抽球预测实验说明

你现在参加的是一个彩票买卖实验，只要你认真地思考和买卖就能得到一笔现金收入。实验中收益用 G$（Game Dollar）表示，实验结束后，实验主持人将按照 100 G$=1 元人民币的比例兑付给你现金。该研究得到以下基金项目的支持：国家自然科学基金面上项目（70972086 和 71172068），教育部人文社会科学重点研究基地重大项目（10JJD630 002），国家社会科学重点项目（10zd&035）。请不要相互交流，以下是实验说明，如对实验说明有不理解的地方，请向实验主持人举手示意。

1. 彩票的内涵

100 个白球和黄球有四种可能组合 U1、U2、U3、U4，随机选择一种组合放入箱子，每一种组合对应一只彩票，组合与彩票的对应关系以及彩票含义见下表所示。

组合	白球数量	黄球数量	所对应彩票名称	所对应彩票含义
U1	20	80	A	如果箱子里的组合是 U1，则 10 轮实验后彩票 A 的价值是 100 G$，否则为 0。
U2	40	60	B	如果箱子里的组合是 U2，则 10 轮实验后彩票 B 的价值是 100 G$，否则为 0。
U3	60	40	C	如果箱子里的组合是 U3，则 10 轮实验后彩票 C 的价值是 100 G$，否则为 0。
U4	80	20	D	如果箱子里的组合是 U4，则 10 轮实验后彩票 D 的价值是 100 G$，否则为 0。

实验主持人预先给你们四只彩票各 20 张和 10000 交易币（用 G$ 表示），然后按规则买卖 10 轮。

2. 单轮实验步骤

实验共 10 轮，每一轮包括抽球、推测和买卖三个环节。

（1）抽球：你们被随机分配到计算机终端，实验主持人将装有球的箱子拿到你面前，该箱子里的球可能是上述组合的任意一种，你们每个人每次抽取 10 个球，10 个球抽完之后将抽到的球全部放入箱子中，不要让其他实验参与人看到你所抽球的颜色。抽球的顺序是随机的，请在记录单上记录每次抽到不同颜色球的个数。10 个人全部抽完即完成一轮抽球的环节。

（2）推测：请根据你抽到不同颜色球的个数推测球的组合，并在记录单中做相应记录，不要涂改，否则该推测无效；每推测正确一次，获得 25 G\$的奖励。

（3）买卖：10 个人全部推测完毕即进入彩票买卖环节，该环节在一个局域网交易系统中进行，交易规则与现行的深沪市股票交易类似。前述的你们每人四只彩票各 20 张和 10000 G\$构成你们买卖彩票的基础，你们根据抽球得到的信息以及其他人的报价情况决定你对不同彩票的买卖价格和数量。如当你抽到 2 个白球和 8 个黄球时你认为球的组合为 U1 的概率较高，你可能以较低（高）的报价买进（卖出）彩票 A 一定的数量，总之你可以通过低买高卖获得收益，也可以将市场中你认为最可能发生的彩票全部买入来获得收益。该环节持续 200 秒。

单轮实验结束后，下一轮实验开始，重复上述三个环节，注意每个人抽完 10 个球后将球全部放回箱子，也就是说每个人开始抽球时箱子里恰好有 100 个球。

3. 实验收益计算

你的总收益由三部分组成：推测奖励和彩票买卖收益以及小测验的报酬。

实验总收益=（正确推测奖励+彩票买卖收益）

/100+小测验收益/100

实验推测奖励等于全部 10 轮实验推测正确的次数乘以 25G\$，彩票买卖收益=你的现金余额-10000G\$+全部实验的交易次数*5G\$+交易结束后你手中所有彩票的价值（货币账户中的余额是你的初始

10000G\$减去全部 10 轮实验你买进彩票的花费加上你卖出彩票的收入；真实组合所对应的彩票的价值是 100G\$，其他彩票的价值是 0）。此外，小测验的收益一起支付。注意，你的实验收益可能为负值，如果该情况发生，你本次实验的收益将为 0。

请不要相互交流，如有问题请举手示意。

记录单

你的编号_____

实验轮数	请在相应的位置记录抽到的两种颜色球的个数		你推测的组合请在相应的位置处打√				真实的组合	本轮收益
1	白色	黄色	U1	U2	U3	U4		
2	白色	黄色	U1	U2	U3	U4		
3	白色	黄色	U1	U2	U3	U4		
4	白色	黄色	U1	U2	U3	U4		
5	白色	黄色	U1	U2	U3	U4		
6	白色	黄色	U1	U2	U3	U4		
7	白色	黄色	U1	U2	U3	U4		
8	白色	黄色	U1	U2	U3	U4		
9	白色	黄色	U1	U2	U3	U4		
10	白色	黄色	U1	U2	U3	U4		
合计			----------				----------	

附录 E 猜数预测实验说明

你现在参加的是一个彩票买卖实验，只要你认真地思考和买卖就能得到一笔可观的现金收入。实验中收益用 G$（Game Dollar）表示，实验结束后，实验主持人将按照 100 G$=1 元人民币的比例兑付给你现金①。请不要相互交流，以下是实验说明，如对实验说明有不理解的地方，请向实验主持人举手示意。

1. 彩票的内涵

将 1 至 100 划分为 5 个连续的区间，分别为[1,20]，[21,40]，[41,60]，[61,80]，[81,100]，x 是随机生成器在 1 到 100 之间生成的一个随机整数，该随机数会落到上述 5 个连续区间中的某一个，5 个区间分别对应 5 只彩票 A、B、C、D、E，区间与彩票的对应关系以及彩票含义见下表所示。

x 区间	对应彩票名称	对应彩票含义
[1,20]	A	如果 x 落在[1,20]区间内，则 10 轮实验后彩票 A 的价值是 100 G$，否则为 0
[21,40]	B	如果 x 落在[21,40]区间内，则 10 轮实验后彩票 B 的价值是 100 G$，否则为 0
[41,60]	C	如果 x 落在[41,60]区间内，则 10 轮实验后彩票 C 的价值是 100 G$，否则为 0
[61,80]	D	如果 x 落在[61,80]区间内，则 10 轮实验后彩票 D 的价值是 100 G$，否则为 0
[81,100]	E	如果 x 落在[81,100]区间内，则 10 轮实验后彩票 E 的价值是 100 G$，否则为 0

① 该研究得到以下基金项目的支持：国家自然科学基金面上项目（70972086 和 71172068），教育部人文社会科学重点研究基地重大项目（10JJD630002），国家社会科学重点项目（10zd&035）。

实验主持人预先给你们五只彩票各 20 张和 10000 交易币（用 G\$ 表示），然后按规则买卖 10 轮。注意 10 轮实验中均是同一个 x。

实验共 10 轮，前 8 轮实验包括抽取私人信息、推测和买卖三个环节，后 2 轮实验仅有推测和买卖两个环节。

2. 单轮实验步骤

（1）抽取私人信息：你们被随机分配到计算机终端，实验主持人将十个小纸条拿到你面前让你抽取一张纸条，小纸条上分别标有"非 A""非 B""非 C""非 D""非 E""空"等字样，"非 A"表明 x 不在彩票 A 所对应的区间，A 彩票 10 轮实验结束后的赎回价值是 0；"非 B"表明 x 不在彩票 B 所对应的区间，B 彩票 10 轮实验结束后的赎回价值是 0；"非 C""非 D""非 E"的含义以此类推，"空"代表本轮中你没有任何信息。抽取信息中只有两张纸条上有关于 x 的信息，其他 8 张纸条上的信息为"空"。抽取完毕之后请将抽到的信息做相应记录。10 个人全部抽取完毕后即完成一轮的信息抽取环节。

（2）推测：请根据你获得的所有信息猜测 x 所在区间对应的彩票，并在记录单中做相应记录，不要涂改，否则该推测无效；每推测正确一次，得 25 G\$ 的收益。

（3）买卖：10 个人全部推测完毕即进入彩票买卖环节，该环节在一个局域网交易系统中进行，交易规则与现行的深沪市股票交易类似。前述的你们每人五只彩票各 20 张和 10000 G\$ 构成你们买卖彩票的基础，你们根据抽到的信息以及其他人的报价情况决定你对不同彩票的买卖价格和数量。如果你认为彩票 B 胜出的概率为 0.8，而市场中 B 彩票的委卖价为 70 G\$，你可以通过买进一定数量的彩票 B 来获益；如果你认为彩票 A 胜出的概率为 0.6，此时市场中的委买价是 80 G\$，你可以通过卖出一定数量的彩票 A 来获益。总之你可以通过低买高卖获得收益，也可以将市场中你认为最可能发生的彩票以低的价格买入来获得收益。该环节持续 200 秒。

单轮实验结束后，下一轮实验开始，重复上述三个环节，注意 10

轮实验中均是同一个 x。

3. 实验收益计算

你的总收益由三部分组成：推测收益和彩票买卖收益以及小测验的报酬。

$$实验总收益=（正确推测奖励+彩票买卖收益）$$
$$/100+小测验收益/100$$

实验推测收益等于全部 10 轮实验推测正确的次数乘以 25G\$，彩票买卖收益=你现金余额-10000G\$ +交易结束后你手中所有彩票的价值（货币账户中的余额是你的初始 10000G\$减去全部 10 轮实验你买进彩票的花费加上你卖出彩票的收入；x 所在区间对应的彩票价值是 100G\$，其他彩票的价值是 0）。此外，小测验的收益一起支付。注意，你的实验收益可能为负值，如果该情况发生你本次实验的收益将为 0。

请不要相互交流，如有问题请举手示意。

记录单

你的编号＿＿＿＿＿＿＿＿

实验轮数	你抽到的信息（$\overline{A}$ 即为"非A"）						x 所在区间对应的彩票，请在相应的位置处打 √					x 所在区间对应的彩票	本轮收益
1	$\overline{A}$	$\overline{B}$	$\overline{C}$	$\overline{D}$	$\overline{E}$	空	A	B	C	D	E		
2	$\overline{A}$	$\overline{B}$	$\overline{C}$	$\overline{D}$	$\overline{E}$	空	A	B	C	D	E		
3	$\overline{A}$	$\overline{B}$	$\overline{C}$	$\overline{D}$	$\overline{E}$	空	A	B	C	D	E		
4	$\overline{A}$	$\overline{B}$	$\overline{C}$	$\overline{D}$	$\overline{E}$	空	A	B	C	D	E		
5	$\overline{A}$	$\overline{B}$	$\overline{C}$	$\overline{D}$	$\overline{E}$	空	A	B	C	D	E		
6	$\overline{A}$	$\overline{B}$	$\overline{C}$	$\overline{D}$	$\overline{E}$	空	A	B	C	D	E		

实验轮数	你抽到的信息 ($\bar{A}$即为"非A")						x所在区间对应的彩票， 请在相应的位置处打√					x所在区间 对应的彩票	本轮收益
7	$\bar{A}$	$\bar{B}$	$\bar{C}$	$\bar{D}$	$\bar{E}$	空	A	B	C	D	E		
8	$\bar{A}$	$\bar{B}$	$\bar{C}$	$\bar{D}$	$\bar{E}$	空	A	B	C	D	E		
9							A	B	C	D	E		
10							A	B	C	D	E		
合计							----------					----------	

参考文献

[1] 鲍尔斯. 微观经济学：行为，制度和演化[M]. 北京：中国人民大学出版社，2006.

[2] 蔡卫星，高明华. 审计委员会与信息披露质量：来自中国上市公司的经验证据[J]. 南开管理评论，2009（4）：120—127.

[3] 曹廷求，王倩，钱先航. 完善公司治理确实能够抑制大股东的控制私利吗[J]. 南开管理评论，2009（1）：18—26.

[4] 曹廷求，杨秀丽，孙宇光. 股权结构与公司绩效：度量方法和内生性[J]. 经济研究，2007（10）：126—137.

[5] 曹廷求，张光利，位华，李维安. 银行治理、治理机制与治理风险[J]. 经济研究，2010（9）：149—154.

[6] 陈叶烽，叶航，汪丁丁. 信任水平的测度及其对合作的影响——来自一组实验微观数据的证据[J]. 管理世界，2010（4）：54—64.

[7] 陈叶烽，周业安，宋紫峰. 人们关注的是分配动机还是分配结果？——最后通牒实验视角下的两种公平观的考察[J]. 经济研究，2011（6）：31—44.

[8] 陈叶烽. 亲社会性行为及其社会偏好的分解[J]. 经济研究，2011（6）：31—44.

[9] 程新生，李春荭，朱琳红，罗艳梅. 参与式预算行为实验研究[J]. 会计研究，2008（5）：53—60.

[10] 冯·诺伊曼，摩根斯坦. 博弈论与经济行为[M]. 上海：三

联书店，2004.

[11] 弗兰克·奈特. 风险、不确定性与利润[M]. 北京：商务印书馆，2010.

[12] 李平，曾勇. 基于非理性行为的羊群效应分析：一个简单模型[J]. 中国管理科学，2004（3）：34—37.

[13] 李常青，魏志华，吴世农. 半强制分红政策的市场反应研究[J]. 经济研究，2011（4）：135—146.

[14] 李建标，巨龙，李政，汪敏达. 董事会里的"战争"——序贯与惩罚机制下董事会决策行为的实验分析[J]. 南开管理评论，2009（5）：70—76.

[15] 李建标，巨龙，刘桂林. 信息瀑布中的动物精神[J]. 南开管理评论，2010（6）：115—124.

[16] 李建标，巨龙，任广乾，赵玉亮. 旅游体验的行为分析范式[J]. 旅游学刊，2009（8）：12—16.

[17] 李建标，巨龙，任广乾. 钝化信念维系的信息瀑布及其应用[J]. 经济评论，2011（3）：30—35.

[18] 李建标，巨龙，王光荣，付鹏. 信息瀑布的实验研究[C]. 中国博士生学术会议，2009.

[19] 李建标，李晓义，孙娟，祁艳玲. Nash 谈判解的预测能力——中国被试的实验证据[J]. 南开经济研究，2007（6）：33—42.

[20] 李建标，王光荣，李晓义，孙娟. 实验市场中的股权结构、信息与控制权收益[J]. 南开管理评论，2008（1）：66—77.

[21] 李建标，赵玉亮，巨龙. 信息的决策权重研究——以信息瀑布实验为例[Z]. 工作论文.

[22] 李建标，赵玉亮. 预测市场机制的研究进展与展望[J]. 科学学与科学技术管理，2012（8）.

[23] 李建军，费方域. 证券价格网络欺诈和操纵的对策研究[J]. 价格理论与实践，2009（1）：67—68.

[24] 李培功，沈艺锋. 媒体公司治理的作用：中国的经验证据[J]. 经济研究，2010（4）：14—27.

[25] 李培功，沈艺锋. 社会规范、资本市场与环境治理：基于机构投资者视角的经验证据[J]. 世界经济，2011（6）：126—146.

[26] 李维安，邱艾超，牛建波等. 公司治理研究的新进展:国际趋势与中国模式[J]. 南开管理评论，2010（6）：12—24.

[27] 李维安. 公司治理学[M]. 北京：高等教育出版社，2005.

[28] 林勇，邓曼姿. 公司治理中的性别差异研究——基于广东省发达地区的问卷调查[J]. 华南师范大学学报(哲学社会科学版),2007（6）：33—42.

[29] 林润辉，范建红，黄传锋. 临时型知识团队合作治理中社会约束影响的实验研究[J]. 南开管理评论，2009（5）：144—150.

[30] 刘志远，刘青. 集体决策能抑制恶性增资吗——一个基于前景理论的实验研究[J]. 中国工业经济，2007（4）：13—20.

[31] 马连福，高丽，张春庆. 基于投资者关系管理的公司营销价值效应研究[J]. 管理科学，2010（5）：62—71.

[32] 那艺，贺京同. 有限理性下的均衡分析范式：随机最优反应均衡[Z]. 工作论文，2005.

[33] 宁向东，张颖. 董事会票决制及其前提条件[J]. 南开管理评论，2010（6）：91—96.

[34] 宁向东，张颖. 独立董事能够勤勉和诚信地进行监督吗——独立董事行为决策模型的构建[J]. 中国工业经济，2012（1）：101—109.

[35] 钱先航，曹廷求，李维安. 晋升压力、官员任期与城市商业银行的贷款行为[J]. 经济研究，2011（12）：72—85.

[36] 乔志林，费方域，秦向东. 初始分配与应用市场机制矫正外部效应——一个实验经济学研究[J]. 当代经济科学，2009（2）：117—128.

[37] 沈艺锋，肖珉，林涛. 投资者保护与上市公司资本结构[J]. 经济研究，2009（7）：131—142.

[38] 宋志红，范黎波. 企业内员工知识共享的实证研究[J]. 管理学报，2010（3）：400—405.

[39] 唐毅南，陈平. 群体动力学和金融危机的预测[J]. 经济研究，2010（6）：53—65.

[40] 王国成，葛新权. 高校毕业生择业行为的实验经济学分析[J]. 中国劳动经济学，2009（2）：123—144.

[41] 王国成. 交互行为视野下博弈论与当代经济学的交汇及发展[J]. 经济研究，2007（12）：142—152.

[42] 王国成. 理性经济行为的实质与科学演进[J]. 中国社会科学院研究生院学报，2009（1）：30—36.

[43] 王海宝，谌业荣，于勇强等. 情绪记忆性别差异的功能磁共振成像研究[J]. 中国医学影像技术，2007（12）：1769—1772.

[44] 维纳. 控制论：关于在动物和机器中控制和通信的科学[M]. 北京：北京大学出版社，2007.

[45] 吴超鹏，吴世农，程静雅，王璐. 风险投资对上市公司投融资行为影响的实证研究[J]. 经济研究，2012（1）：105—119.

[46] 武立东. 上市公司控股股东行为效应评价与指数分析[J]. 管理科学，2006，19（5）：83—91.

[47] 武立东. 信息技术战略性应用与新型组织设计[J]. 科技管理研究，2007（11）：226—231.

[48] 谢晓非. 乐观与冒险中的性别差异分析[J]. 北京大学学报（自然科学版），2003（2）：270—276.

[49] 谢永珍. 董事会约束与企业信用实证研究[J]. 南开管理评论，2004（1）：74—77.

[50] 谢永珍. 公司治理评价中的独立董事评价指标体系设置研究[J]. 南开管理评论，2003（3）：17—19.

［51］徐宁，徐向艺. 股票期权激励合约合理性及其约束性因素——基于中国上市公司的实证分析［J］. 中国工业经济，2010（2）：100—109.

［52］徐向艺，张立达. 上市公司股权结构与公司价值关系研究——一个分组检验的结果［J］. 中国工业经济，2008（4）：102—109.

［53］许年行，洪涛，吴世农，徐信忠. 信息传递模式、投资者心理偏差与股价"同涨同跌"现象［J］. 经济研究，2011（4）：135—146.

［54］薛有志，周杰. 中国股票市场对上市公司违规行为有治理效应吗［J］. 税务与经济，2007（6）：6—11.

［55］薛有志. 公司治理结构认识上的误区［J］. 经济学动态，2000（4）：10—11.

［56］燕志熊，费方域. 不确定性风险、事前投资与期货交易［J］. 上海交通大学学报，2008（11）：1802—1805.

［57］燕志熊，费方域. 风险偏好的差异性与融资的多样性［J］. 经济学（季刊），2008（1）：319—344.

［58］燕志熊，费方域. 企业融资中的控制权安排与企业家的激励［J］. 经济研究，2007（2）：111—123.

［59］杨惠馨，冯文娜. 合作竞争对市场结构的影响：基于全球汽车产业的经验研究［J］. 中国工业经济，2010（6）：126—136.

［60］杨惠馨，吴炜峰. 用户基础、网络分享与企业边界决定［J］. 中国工业经济，2009（8）：88—98.

［61］叶航，汪丁丁，贾拥民. 科学与实证——一个基于神经元经济学的综述［J］. 经济研究，2007（1）：132—141.

［62］伊特韦尔，米尔盖特，纽曼. 新帕尔格雷夫大辞典（第二卷）［M］. 北京：经济科学出版社，1996.

［63］张明立，吴凤山. 情景分析法——一种经济预测方法［J］. 决策借鉴，1992（3）：34—36.

［64］张圣平. 偏好、信念、信息与证券价格［M］. 上海：上海三联书店、上海人民出版社，2002.

［65］张维，李根，熊熊，韦立坚，王雪莹. 资产价格泡沫研究综述：基于行为金融和计算实验方法的视角［J］. 金融研究，2009（8）：182—193.

［66］张维，王雪莹，熊熊，张永杰. 公司并购中的"羊群行为"：基于中国数据的实证研究［J］. 系统工程理论与实践，2010（3）：456—463.

［67］张维，赵帅特，熊熊，张永杰. 基于计算实验方法的行为金融理论研究综述［J］. 管理评论，2010（3）：3—11.

［68］张维，赵帅特. 认知偏差、异质期望与资产定价［J］. 管理科学学报，2010（1）：52—59.

［69］张维迎. 博弈论与信息经济学［M］. 上海：上海三联书店、上海人民出版社，2005.

［70］张玉利，陈立新. 破坏性创新战略与资源承诺［J］. 经济管理，2005（23）：28—30.

［71］周建，金媛媛，刘小元. 董事会资本研究综述［J］. 外国经济与管理，2010（12）：27—35.

［72］周建，刘小元，于伟. 公司治理机制互动的实证研究［J］. 管理科学，2008，21（1）：2—13.

［73］Akerlof, G. A., Shiller, R. J.. *Animal Spirits*［M］. Princeton: Princeton University Press, 2009.

［74］Alevy, J. E., Haigh, M. S., List, J. A.. Information Cascades: Evidence from a Field Experiment with Financial Market Professionals［J］. *Journal of Finance*, 2007, Vol.LXII, No.1, February.

［75］Ali, M. M.. Probability and Utility Estimates for Racetrack Bettors［J］. *Journal of Political Economy*, 1977, (85): 803-815.

［76］Allais, M.. Le comportement de l'homme rationnel devant le risque: critique des postulats et axiomes de l'école Américaine[J]. *Econometrica*, 1953, (21): 503-546.

［77］Amihud, Y., Hauser, S., Kirsh, A.. Allocations, Adverse Selection, and Cascades in IPOs: Evidence from the Tel Aviv Stock Exchange[J]. *Journal of Financial Economics*, 2003, (68): 137-158.

［78］Andersen, S., Harrison, G. W., Lau, M. I., Rutström, E. E.. Elicitation Using Multiple Price lists[J]. *Experimental Economics*, 2006, 9(4): 383-405.

［79］Anderson, L. R., Holt, C. A.. Information Cascades in the Laboratory[J]. *The American Economic Review*, 1997, 87(5): 847-862.

［80］Anderson, L. R., Holt, C.. Classroom Games: Information Cascades[J]. *Journal of Economic Perspectives*, 1996, 10(4): 187-193.

［81］Anil, A., Brian, M.. Enhancing Vertical Efficiency through Horizontal Licensing[J]. *Journal of Regulatory Economics*, 2006, 29(3): 333-342.

［82］Armstrong, J. S.. *Principles of Forecasting: a Handbook for Researchers and Practitioner*[M]. Kluwer Academic Publishers, 2002.

［83］Aronson, E., Wilson, T. D., Akert, R. M.. *Social Psychology* [M]. New York: Addison Wesley Longman, 1997.

［84］Arrow, K. et al.. Statement on Prediction Markets[I]. AEI-Brookings Joint Center Related Publication. No. 07-11, 2007.

［85］Arrow, K. et al.. The Promise of Prediction Markets[J]. *Science*, 2007, 320: 877-878.

［86］Arrow, K. J.. Aspects of the Theory of Risk-Bearing[C]. Academic Bookstore, Helsinki, 1965 (Elaborated as K. J. Arrow, Essays in the Theory of Risk-Bearing, North-Holland, Amsterdam, 1971).

［87］Asch, S. E.. Effects of Group Pressure upon the Modification and Distortion of Judgements, in Eleanor E. *Maccoby, Theodore M.*

Newcomb, and E. L. Hartley, eds., Readings in social psychology[M].
New York: Holt, Rinehart &Winston, 1958: 174-183.

［88］ Asch, P. B., Malkiel, B. G., Quandt, R. E. Racetrack Betting
and Informed Behavior[J]. *Journal of Financial Economics*, 1982, 10(2):
187-194.

［89］ Avery, C., Zemsky, P.. Multidimensional Uncertainty and Herd
Behavior in Financial markets[J]. *The American Economic Review*, 1998,
88(4): 724-748.

［90］ Banerjee, A. V.. A Simple Model of Herd Behavior[J].
Quarterly Journal of Economics, 1992, (107): 797-818.

［91］ Barberis, N., Shleifer, A., Vishny, R.. A Model of Investor
Sentiment[J]. *Journal of Financial Economics*, 1998, (49): 307-343.

［92］ Barr, A.. Risk Pooling, Commitment, and Information: An
Experimental Test of Two Fundamental Assumptions[EB/OL]. *Working
Paper, Centre for the Study of African Economies, Department of
Economics, University of Oxford*, 2003.

［93］ Barr, A., Packard, T.. Revealed Preference and Self Insurance:
Can We Learn from the Self Employed in Chile?[EB/OL]. Policy
Research Working Paper No.2754, World Bank, Washington DC, 2002.

［94］ Beck, J. H.. An Experimental Test of Preferences for the
Distribution of Income and Individual Risk Aversion[J]. *Eastern
Economic Journal*, 1994, 20(2): 131-145.

［95］ Berg, J. E., Neumann, G. R., Rietz, T. A.. Searching for
Google's Value: Using Prediction Markets to Forecast Market
Capitalization Prior to an Initial Public offering[J]. *Management Science*,
2009, 55(3): 348-361.

［96］ Berg, J. E., Neumann, G. R., Rietz, T. A.. Prediction Market
Accuracy in the Long Run[J]. *International Journal of Forecasting*, 2008,

24(2): 285-300.

［97］Berg, J. E., Forsythe, R., Rietz, T. A.. What Makes Markets Predict Well? Evidence from the Iowa Electronic Markets. W. Albert, W. Güth, P. Hammerstein, B. Moldovanu, E. Van Damme, eds[c]. Essays in Honor of Reinhard Selten. Springer-Verlag, Berlin, 1996: 444-463.

［98］Berkman, H.. Large Option Trades, Market Makers, and Limit Orders[J]. *Review of Financial Studies*, 1996, 9: 977-1002.

［99］Bernheim, B. D.. A Theory of Conformity[J]. *Journal of Political Economy*, 1994, 102(5): 841-877.

［100］Bernoulli, D.. Exposition of a New on the Measurement of Risk[J]. *Econometrica*, 1954, 22(1): 23-36.

［101］Bikhchandani, S., Hirshleifer, D., Welch, I.. A Theory of Fads, Fashion, Custom, and Cultural Change as Informational Cascades[J]. *The Journal of Political Economy*, 1992, 100(5): 992-1026.

［102］Bikhchandani, S., Sharma, S.. Herd Behavior in Financial Markets: an review. *IMF Staff Papers*, 2000, 47(3): 279-310.

［103］Bikhchandani, S., Hirshleifer, D., Welch, I.. Learning from the Behavior of Others: Conformity, Fads, and Informational Cascades[J]. *Journal of Economic Perspectives*, 1998, 12: 151-170.

［104］Binswanger, H. P.. Attitudes toward Risk: Experimental Measurement in Rural India[J]. *American Journal of Agricultural Economics*, 1980, (62): 395-407.

［105］Blouin, M. R., Roberto, S.. A Decentralized Market with Common Values Uncertainty: Non-Steady States[J]. *Review of Economic Studies*, 2001, 68(2): 323-346.

［106］Brian, A.. Have Institutional Investors Destabilized Emerging Markets[J]. *Contemporary Economic Policy*, 1998, 16(2): 173-184.

［107］Butler, J. S., Robert, M.. A Computationally Efficient Cuadrature Procedure for the One-factor Multinomial Probit Model[J]. *Econometrica*, 1982, 50: 761-764.

［108］Cai, H., Chen, Y., Fang, H.. Observational Learning: Evidence from a Randomized Natural Field Experimental[J]. *The American Economic Review*, 2009, 99(3): 864-882.

［109］Caillaud, B., Tirole, J.. Consensus Building: How to Persuade a Group[J]. *The American Economic Review*, 2007, 97(5): 1877-1900.

［110］Camerer, C. F.. Behavioral Game Theory: Experiment in Strategic Interaction[M]. Princeton University Press, 2003.

［111］Camerer, C. F., Weigelt, K.. Information Mirages in Experimental Asset Markets[J]. *Journal of Business*, 1991, 64(4): 463-493.

［112］Camerer, C. F.. *Individual decision making*, in J. Kagel and A. Roth, eds., Handbook of Experimental Economics[M]. Princeton N J: Princeton University Press, 1995: 587-616.

［113］Camerer, C. F., Keith, W.. Information Mirages in Experimental Assets Markets[J]. *Journal of Business*, 1991, 64(4): 463-93.

［114］Cao, H. H., Hirshleifer, D.. Conversation, Observational Learning, and Informational Cascades[J]. *Working Paper*, 2000.

［115］Çelen, B., Kariv, S.. Distinguishing Informational Cascades from Herd Behavior in the Laboratory[J]. *The American Economic Review*, 2004, 94(3): 484-498.

［116］Çelen, B., Shachar, K.. An Experimental Test of Observational Learning under Imperfect Information[J]. *Economic Theory*, 2005, (26): 677-699.

［117］ Chamley, C. P., Douglas, G.. Information Revelation and Strategic Delay in a Model of Investment[J]. *Econometrica*, 1994, (62): 1065-1085.

［118］ Chari, V. V., Patrick, J. K.. Financial Crises as Herds: Overturning the Critiques[J]. *Journal of Economic Theory*, 2004, 119: 128-150.

［119］ Chen, K.Y., Plott, C. R.. Information Aggregation Mechanisms: Concept, Design, and Implementation for a Sales Forecasting Problem. Social Science Working Paper 1131[J]. *California Institution of Technology*, 2002.

［120］ Chen, K. Y., Fine, L., Bernardo, H.. Predicting the Future[J]. *Information System Frontiers*, 2003, 5(1): 47-61.

［121］ Cipriani, M., Antonio, G. Herd Behavior and Contagion in Financial Markets[EB/OL].*Working paper, George Washington University*, 2005.

［122］ Cipriani, M., Antonio, G.. Herd Behavior in a Laboratory Financial Market[J]. *The American Economic Review*, 2005, 95: 1403-1426.

［123］ Copeland, T., Friedman, D.. The Effect of Sequential Information Arrival on Asset Prices: an Experimental Study[J]. *Journal of Finance*, 1987, 42: 763-798.

［124］ Copeland, T., Friedman, D.. Partial Revelation of Information in Experimental Asset Markets[J]. *Journal of Finance*, 1991, 46: 265-295.

［125］ Copeland, T. E., Friedman, D.. The Market Value of Information: Some Experimental Results[J]. *The Journal of Business*, 1992, (65): 241-266.

［126］ Cornelieny, T., Sonderhof, K.. Partial Effects in Probit and

Logit Models with a Triple Dummy Variable Interaction Term[J]. *The Stata Journal*, 2009, 9(4): 571-583.

[127] Coursey, D, L., Hovis, J. L., Schulze, W. D.. The Disparity between Willingness to Accept and Willingness to Pay Measures of Value[J]. *Quarterly Journal of Economics*, 1987, 102: 679-690.

[128] Cowgill, B., Wolfers, J., Zitzewitz, E.. Using Prediction Markets to Track Information Flows: Evidence from Google[J]. Working paper, 2009.

[129] Cowles, A., Jones, H. E.. Some a Posteriori Probabilities in Stock Market Action[J]. *Econometrica*, 1937, 5(3): 280-294.

[130] Cowles, A.. Can Stock Market Forecasters Forecast?[J]. *Econometrica*, 1933, (3): 309-324.

[131] Crowford, V.. Theory and Experiment in the Analysis of Strategic Interaction. *Advances in Economics and Econometrics: Theory and Applications*[M]. Cambridge University Press, 1997.

[132] Davis, D. D., Holt, C. A.. Experimental Economics[M]. Princeton NJ: Princeton University Press, 1993.

[133] Long, D., Shleifer, A., Summers, L. H.. Positive Feedback Investment Strategies and Destabilizing Rational Speculation[J]. *Journal of Finance*, 1990, 45(2): 379-395.

[134] Demski, J.. Corporate Conflicts of Interest[J]. *Journal of Economic Perspectives*, 2003, 17(2): 51-72.

[135] Devenow, A., Welch, I.. Rational Herding in Financial Economics[J]. *European Economic Review*, 1996, 40: 603-615.

[136] Drehmann, M., Jorg, O., Andreas, R.. Herding and Contrarian Behavior in Financial Markets: an Internet Experiment[J]. *The American Economic Review*, 2005, 95: 1403-1426.

[137] Dryden, J.. The Satires of Dreyden: Absalom and Achitophel,

the Medal, MacFlecknoe[M]. *London: Macmillan*, 1964.

［138］Duffie, D., Manso, G.. Information Percolation in Large Markets[J]. *The American Economic Review*, 2007, May, 203-209.

［139］Dufwenberg, M., Tobias, L., Moore, E.. Bubbles and Experience: an Experiment[J]. *The American Economic Review*, 2005, 95: 1731-1737.

［140］Ear, P., Peng, T. C., Potts, J.. Can Speculative Decision-rule Cascades Explain Asset Price Inflation?[J]. *Journal of Economic Psychology*, 2007, 28(3): 351-364.

［141］Eckel, Grossman, P. J.. Sex Differences and Statistical Stereotyping in Attitudes toward Financial Risk[J]. *Evolution and Human Behavior*, 2002, 23(4): 281-295.

［142］Eckel, Grossman, P. J.. Forecasting Risk Attitudes: An Experimental Study of Actual and Forecast Risk Attitudes of Women and Men[J]. *Journal of Economic Behavior & Organization*, 2008, 68(1): 1-17.

［143］Eisenberg, E., Gale, D.. Consensus of Subjective Probabilities: the Pari-mutuel Method[J]. *The Annals of Mathematical Statistics*, 1959, 30: 165-168.

［144］El Gamal, M., Grether, D.. Are People Baysian? Uncovering Behavioral Strategies[J]. *Journal of the Amer-ican Statistical Association*, 1995, 90(432): 1137-1145.

［145］Ellsberg, D.. Risk, Ambiguity, and the Savage Axioms[J]. *The Quarterly Journal of Economics*, 1961, 75(4): 643-669.

［146］Fama, E. F.. Market Efficiency, Long-term Returns, and Behavioral Finance[J]. *Journal of Financial Economics*, 1998, 49: 283-306.

［147］Fama, E. F.. Efficient Capital Markets: A Review of Theory and Empirical Work[J]. *Journal of Finance*, 1970, (25): 383-417.

［148］Fama, E. F.. Components of Investment Performance[J]. *The Journal of Finance*, 1972, 27(3): 551-567.

［149］Fischbacher, U.. z-Tree: Zurich Toolbox for Ready-made Economic Experiments[J]. *Experiment economic,* 2007, (10): 171-178.

［150］Forsythe, R., Palfrey, T., Plott, C.. Asset Valuation in an Experimental Market[J]. *Econometrica*, 1982, (50): 537-567.

［151］Forsythe, R., Rietz, T. A., Ross, T. W.. Wishes, Expectations and Actions: Price Formation in Election Stock Markets[J]. *Journal of Economic Behavior and Organization*, 1999, (39): 83-110.

［152］Forsythe, R., Nelson, F., Neumann, G. R., Wright, J.. Anatomy of an Experimental Political Stock Market[J]. *American Economic Review*, 1992, 82: 5.

［153］Forsythe, R., Russel, L.. Inforamtion Aggregation in an Experimental Market[J]. *Econometrica*, 1990, (58): 309-347.

［154］Forsythe, R., Forrest, N., George, R. N., Wright, J.. Anatomy of an Experimental Political Stock Market[J]. *American Economic Review*, 1992, 82(5): 1142-1161.

［155］Forsythe, R., Thomas, R., Thomas, R.. Wishes, Expectations and Actions: Price Formation in Election Stock Markets[J]. *Journal of Economic Behavior and Organization*, 1999, 39(1): 83-110.

［156］Forsythe, R., Thomas, P., Charles, P.. Asset Valuation in an Experimental Market[J]. *Econometrica*, 1982, 50(5): 537-567.

［157］Francois, P., Huw, L. E.. Animal Spirits Through Creative Destruction[J]. *The American Economic Review*, 2003, 93(3): 530-550.

［158］Gale, D.. What Have We Learned from Social Learning[J]. *European Economic Review*, 1996, 40: 617-628.

［159］Genesove, D., Christopher, M.. Loss Aversion and Seller

Behavior: Evidence from the Housing Market[J]. *Quarterly Journal of Economics*, 2001, 116: 1233-1260.

［160］Gibson, G.. The Stock Markets of London. Paris and New York, G.P. Putnam's Sons, New York, 1889.

［161］Glosten, L. R., Milgrom, P. R.. Bid, Ask and Transaction Prices in a Specialits Market with Heterogeneously Informed Traders[J]. *Journal of Financial Economics*, 1985, 14(1): 71-100.

［162］Goeree, J., Palfrey, T., Rogers, B.. Self-correcting Information Cascades[J]. *Review of Economic Studies*, 2007, 74(3): 733-762.

［163］Goeree, J. K., Charles, A. H., Thomas, R. P.. Regular Quantal Response Equilibrium[J]. *Experimental Economics,* 2005, 8: 347-367.

［164］Gonzalez, M., Renato, M., Elisa, P.. Herding Behaviour Inside the Board: an Experimental Approach[J]. *Corporate Governance*, 2006, 14(5): 388-405.

［165］Graefe, A., Armstrong, J. S.. Comparing Face-to-face Meetings, Nominal Groups, Delphi and Prediction Markets on an Estimation Task[J]. *International Journal of Forecasting*, 2011, 27(1): 183-195.

［166］Green, J. R.. Information, Efficiency and Equilibrium[EB/OL]. *Discussion Paper no. 284*, Harvard Univ., Havard Inst. Econ. Res., March, 1973.

［167］Grether, D. M.. Bayes Rule as a Descriptive Model: the Representativeness Heuristic[J]. *Quarterly Journal of Economics*, 1980, 95(3): 537-557.

［168］Grinblatt, M., Titman, S., Wermers, R.. Momentum Investment Strategies, Portfolio Performance, and Herding: a Study of Mutual Fund Behavior[J]. *The American Economic Review*, 1995, 85(5):

1088-1105.

［169］Grossman, S. J., Stiglitz, J. E.. On the Impossibility of Informationally Efficient Markets[J]. *American Economic Review*, 1980, 70: 393-408.

［170］Grossman, S. J.. On the Efficiency of Competitive Stock Markets Where Traders Have Diverse Information[J]. *The Journal of Finance*, 1976, 31(2): 573-585.

［171］Grossman, S. J.. An Introduction to the Theory of Rational Expectations under Asymmetric Information[J]. *Review of Economic Studies*, 1981, 48(4): 541-559.

［172］Grossman, S. J., Stiglitz, J. E.. Information and Competitive Price Systems[J]. *The American Economic Review*, 1976, 66(2): 246-253.

［173］Gu, F., Lundholm, R.. Endogenous Timing and The Clustering of Agents' Decisions[J]. *The Journal of Political Economy*, 1995, 103(5): 1039-1066.

［174］Hanson, R., Ryan, O.. Manipulators Increase Information Market Accuracy[J]. *Economica*, 2009, 76(302): 304-314.

［175］Hanson, R.. Decision Markets[J]. *IEEE Intelligent Systems*, 1999, 14(3): 16-19.

［176］Hanson, R.. Combinatorial Information Market Design[J]. *Information Systems Frontiers*, 2003, 5(1): 105-119.

［177］Harrison, G., List, J. A.. Field Experiments[J]. *Journal of Economic Literature*, 2004, 42: 1009-1055.

［178］Harry, V. R.. Stock-market "Patterns" and Financial Analysis: Methodological suggestions[J]. *The Journal of Finance*, 1959, 14(1): 1-10.

［179］Hayek, F. A.. The Use of Knowledge in Society[J]. *American Economic Review*, 1945, 35(4): 519-530.

〔180〕 Hebb, D.. The Organization of Behavior: a Neuropsychological Theory[M]. New York: John Wiley, 1949.

〔181〕 Hellwig, M.. On the Aggregation of Information in Competitive Markets[J]. *Journal of Economic Theory*, 1980, (22): 477-498.

〔182〕 Hirshleifer, D., Siew, H. T.. Herd Behavior and Cascading in Capital Markets: A review and synthesis[J]. *European Financial Management*, 2003, (9): 25-66.

〔183〕 Holt, A., Laury, K.. Risk Aversion and Incentive Effects[J]. *American Economic Review*, 2002, 92(5): 1644-1655.

〔184〕 Hong, H., Jeffrey, D. K., Amit, S.. Security Analysts' Career Concerns and Herding of Earnings Forecasts[J]. *RAND Journal of Economics*, 2000, 31(1): 121-144.

〔185〕 Huck, S., Jorg, O.. Informational Cascades in the Laboratory: Do They Occur for the Right Reasons[J]. *Journal of Economic Psychology*, 2000, 21: 661-671.

〔186〕 Hung, A. A., Plott, C, R.. Information Cascades: Replication and an Extension to Majority Rule and Conformity-rewarding Institutions[J]. *The American Economic Review*, 2001, 91(5): 1508-1520.

〔187〕 Hurley, W., McDonough, L.. A Note on the Hayek Hypothesis and the Favorite-longshot Bias in Pari-mutuel Betting[J]. *American Economic Review*, 1995, 85(4): 949-955.

〔188〕 Jensen, M.. Some Anomalous Evidence Regarding Market Efficiency[J]. *Journal of Financial Economics*, 1978, 6: 95-101.

〔189〕 Kahneman, D., Tversky, A.. Prospect theory: an Analysis of Decision under Risk[J]. *Econometrica*, 1979, 47: 263-292.

〔190〕 Kauffman, J. R., Li, X.. Payoff Externalities, Informational Cascades and Managerial Incentives: a Theoretical Framework for IT Adoption Herding[EB/OL]. *Working Paper, WP 03-18, Management*

Information Systems Research Center, University of Minnesota, Minneapolis, 2003.

［191］Kendall, M. G.. The Analysis of Economic Time-series—Part I: Prices. *Journal of the Royal Statistical Society.Series A (General),* 1953, 116(1): 11-25.

［192］Kennedy, R. E.. Strategy Fads and Competitive Convergence: an Empirical Test for Herd Behavior in Prime-time Television Programming[J]. *Journal of Industrial Economics,* 2002, 50(1): 57-84.

［193］Keynes, J.. The General Theory of Employment[J]. *Interest and Money*[M]. London: Macmillan, 1936: 161-162.

［194］Kiibler, D., Georg, W.. Are Longer Cascades More Stable?[J]. *Journal of the European Economic Association,* 2005, 3: 330-339.

［195］King, R.. Workers, Place Your Bets[J]. *Business Week,* August 3, 2006.

［196］King, R. R., Smith, V. L., Arlington, W. W., Mark, V. V. B.. The Robustness of Bubbles and Crashes in Experimental Stock Markets. *In Nonlinear Dynamics and Evolutionary Economic*s, Edited by I. Prigogine, R. Day, and P. Chen[M]. New York: Oxford University Press, 1993, 183-200.

［197］Knez, P., Smith, V. L., Arlington W.. Individual Rationality, Market Rationality, and Value Estimation[J]. *The American Economic Review,* 1985, 75: 397-402.

［198］Koessler, F., Anthony, Z.. Tie-breaking Rules and Informational Cascades: a Note[EB/OL]. *Working paper,* University Louis Pasteur, 2000.

［199］Kubler, D., Weizsacker, G. Information Cascades in The Labor Market[J]. *The Journal of Economics,* 2003, 80(3): 211-229.

［200］Kubler, D., Georg, W.. Limited Depth of Reasoning and

Failure of Cascade Formation in the Laboratory[J]. *Review of Economic Studies*, 2004, 71: 425-441.

〔201〕 Kullback, S., Leibler, R. A.. On Information and Sufficiency [J]. *Annals of Mathematical Statistics,* 1952, 22: 79-86.

〔202〕 Ledyard, J., Hanson, R., Ishikida, T.. An Experimental Test of Combinatorial Information Markets[J]. *Journal of Economic Behavior and Organization*, 2009,69: 182-189.

〔203〕 Lee, I. H. Market Crashes and Informational Avalanches[J]. *The Review of Economic Studies*, 1998, 65(4): 741-759.

〔204〕 Lei, V., Charles, N. N., Plott, C. R.. Nonspeculative Bubbles in Experimental Asset Markets: Lack of Common Knowledge of Rationality vs. Actual Irrationality[J]. *Econometrica*, 2001, 69(4): 831-859.

〔205〕 Leigh, A., Justin, W., Eric, Z.. What do Financial Markets Think of War in Iraq? [J]. *Working Paper*, March 17, 2003.

〔206〕 Li, J., Ju, L., Wang, G. Rational Conformity in Sequential Decision-making: an Experiment of Information Cascades[M]. *Xiamen: World Congress on Software Engineering*, 2009: 407-415.

〔207〕 Lintner, J.. The Aggregation of Investors' Diverse Judgments and Preferences in Purely Competitive Security Markets[J]. *Journal of Financial and Quantitative Analysis*, 1969, 4(4): 347-400.

〔208〕 List, J. A.. Does Market Experience Eliminate Market Anomalies[J]. *Quarterly Journal of Economics*, 2003, (118): 41-71.

〔209〕 List, J. A.. Neoclassical Theory Versus Prospect Theory: Evidence from the Marketplace[J]. *Econometrica*, 2004, (72): 615-625.

〔210〕 Lucas, R. F.. Expectations and the Neutrality of Money[J]. *Journal of Economic Theory*, 1972, (4): 103-124.

〔211〕 Mandelbrot, B.. Forecasts of Future Prices, Unbiased

Markets, and "Martingale" Models[J]. *Journal of Business*, 1966, 39(S1): 242-255.

[212] Manski, C.. Interpreting the Predictions of Prediction Markets[J]. *Economics Letters*, 2006, (91): 425-429.

[213] Markowitz, H.. Portfolio Selection[M]. NY: Wiley, 1959.

[214] McCulloch, W. S., Pitts, W. H.. A Logical Calculus of the Ideas Immanent in Nervous Activity[J]. *Bulletin of Mathematical Biophysics*, 1943, (5): 115-133.

[215] Mckelvey, R., Palfrey, T.. Quantal Response Equilibria for Normal form Games[J]. *Games and Economic Behavior*, 1995, (10): 6-38.

[216] Mckelvey, R., Palfrey, T.. Quantal Response Equilibria in Extensive form Games[J]. *Experimental Economics*, 1998, 1(1): 9-14.

[217] McMilan, J.. Reinventing the Bazaar: A Natural History of Markets. W.W. Norton & Company, 2002.

[218] Milgrom, P., Nancy, S.. Information, Trade, and Common Knowledge[J]. *Journal of Economic Theory*, 1982, 26(1): 17-27.

[219] Miller, L., Meyer, D. E., Lanzetta, J. T.. Choice Among Equal Expected Value Alternatives: Sequential Effects of Winning Probability Level on Risk Preferences[J]. *Journal of Experimental Psychology*, 1969, 79(3): 419-423.

[220] Morck, R.. Behavioral Finance in Corporate Governance: Economics and Ethics of the Devil's Advocate[J]. *Journal of Management and Governance*, 2008, 12(2): 179-200.

[221] Morton, R. B., Williams, K, C.. Information Asymmetries and Simultaneous Versus Sequential Voting[J]. *American Political Science Review*, 1999, 93(1): 51-68.

[222] Muth, J. F.. Rational Expectations and the Theory of Price Movements[J]. *Econometrica*, 1961, 29(3): 315-335.

［223］Nash, J.. Equilibrium Points in N-person Games[J]. *Proceedings of the National Academy of Sciences*, 1950, (36): 48-49.

［224］Neeman, Z., Orosel, G.. Herding and the Winner's Curse in Markets with Sequential Bids[J]. *Journal of Economic Theoiy*, 1999, 85(1): 91-121.

［225］North, D. C.. Structure and Change in Economic History[M]. Norton, New York, 1981.

［226］North, M., Martin, W.. Information Aggregation With Random Ordering: Cascades and Overconfidence[J]. *Economic Journal*, 2003, (113): 166-189.

［227］O'Brien, J., Srivastava, S.. Dynamic Stock Markets with Multiple Assets[J]. *Journal of Finance*, 1991, (46): 1811-1838.

［228］Odean, T.. Are Investors Reluctant to Realize Their Losses[J]. *Journal of Finance*, 1998, (53): 1775-1798.

［229］Osborne, M. F. M.. Brownian Motion in the Stock Market[J]. *Operations Research*, 1959, 7(2): 145-173.

［230］Ottavaiani, M., Sorensen, P.. Herd Behavior and Investment: Comment[J]. *The American Economic Review*, 2000, 90(3): 695-704.

［231］Ottaviani, M., Sørenson, P. N.. Noise, Information, and the Favorite-Long shot Bias in Parimutuel Predictions[J]. *American Economic Journal*: Microeconomics, 2010, (2): 58-85.

［232］Palfrey, T. R., Srivastava, S.. Private Information in Large Economies[J]. *Journal of Economic Theory*, 1986, (39): 34-58.

［233］Paton, D., Donald, S., Leighton, W.. The Growth of Gambling and Prediction Markets: Economic and Financial Implications [J]. *Economica*, 2009,76: 219-224.

［234］Pennock, D., Steve, L. C., Lee, G., Finn, A. N.. The Real Power of Artificial Markets[J]. *Science*, 2001, 291(5506): 987-988.

［235］ Piron, R., Smith, L. R.. Testing Risklove in an Experimental Racetrack[J]. *Journal of Economic Behavior and Organization*, 1995, (27): 465-474.

［236］ Plott, C. R., Sunder, S.. Rational Expectations and the Aggregation of Diverse Information in Laboratory Security markets[J]. *Econometrica*, 1988, (56): 1085-1118.

［237］ Plott, C. R.. Market Architectures, Institutional Landscapes and Testbed Experiments[J]. *Economic Theory*, 1994, 4 (1): 3-10.

［238］ Plott, C. R.. Shyam Sunder Efficiency of Experimental Security Markets with Insider Information: An Application of Rational-Expectations Models[J]. *Journal of Political Economy*, 1982, 90(4): 663-698.

［239］ Plott, C. R., Sunder, S.. Rational Expectations and the Aggregation of Diverse Information in Laboratory Security Markets[J]. *Econometrica*, 1988, 56(5): 1086-1118.

［240］ Porter, D. P., Smith, V. L.. Stock Market Bubbles in the Laboratory[J]. *Applied Mathematical Finance*, 1994, (1): 111-127.

［241］ Pratt, J. W.. Risk Aversion in the Small and in the Large[J]. *Econometrica*, 1964, (32): 122-136.

［242］ Radner, R.. Equilibre des Marchés a Terme et au Comptant en Cas d' Incertitude[J]. *Cahiers d'Econométrie*, 1967, (4): 35-52.

［243］ Rosett, R. N.. Gambling and Rationality[J]. *Journal of Political Economy*, 1965, (73): 595-607.

［244］ Roth, A. E.. What Have We Learned from Market Design?[J]. *Hahn Lecture, Economic Journal*, 2008, (118): 285-310.

［245］ Samuelson, P. A.. Proof that Properly Anticipated Prices Fluctuate Randomly[J]. *Industrial Management Review*, 1965, 6(2): 41-49.

［246］Scharfstein, D. S., Jeremy, C. S.. Herd Behavior and Investment[J]. *The American Economic Review*, 1990, 80(3): 465-479.

［247］Scharfstein, D., Stein, J.. Herd Behavior and Investment[J]. *American Economic Review*, 1990, 80(3): 465-479.

［248］Schrieber, J. M.. The Application of Prediction Markets to Business. Massachusetts Institute of Technology[R]. Engineering Systems Division, 2004.

［249］Schubert, R., Brown, M., Gysler, M., Brachinger, H. W.. Financial Decision-making: Are Women Really More Risk-Averse? [J]. *American Economic Review*, 1999, 89(2): 381-385.

［250］Servan-Schreiber, E., Wolfers, J., Pennock, D., Galebach, B.. Prediction Markets: Does Money Matter? [J]. *Electronic Markets*, 2004, 14: 243-251.

［251］Sgroi, D.. The Right Choice at the Right Time: a Herding Experiment in Endogenous Time[J]. *Experimental Economics*, 2003, 6: 159-180.

［252］Shannon, C. E.. A Mathematical Theory of Communication[J]. *Bell system Technical Journal*, 1948, 27: 370-429, 623-656.

［253］Shiller, R.. Irrational Exuberance, 2d ed., Princeton[M]. NJ: Princeton University, 2005.

［254］Shleifer, A., Lawrence, H. S.. The Noise Trader Approach to Finance[J]. *Journal of Economic Perspectives*, 1990, 4: 19-33.

［255］Smith, L., Sorensen, P. N.. Pathological Outcomes of Observational Learning[J]. *Econometrica*, 2000, 68(2): 371-398.

［256］Smith, V. L.. Papers in Experimental Economics[M]. Cambrige: Cambridge University Press, 1991.

［257］Smith, V. L.. Experimental Economics: Induced Value Theory[J]. *American Economic Review*, 1976, (5): 274-279.

［258］ Smith, V. L., Williams, A. W., Bratton, W. K., Vannoni, M. G.. Competitive Market Institutions: Double Auctions vs. Sealed Bid-offer Auctions[J]. *American Economic Review*, 1982, 7158-7177.

［259］ Smith, V. L.. Markets as Economizers of Information: Experimental Examination of the Hayek Hypothesis[J]. *Economic Inquiry*, 1982, (20): 165-179.

［260］ Smith, V. L., Gerry, L. S., Arlinton, W. W.. Bubbles, Crashes and Endogenous Expectations in Experimental Spot Asset Markets[J]. *Econometrica*, 1998, 56(5): 1119-1151.

［261］ Snowberg, E., Wolfers, J.. Explaining the Favorite–Long Shot Bias: Is it Risk-Love or Misperceptions?[J]. *Journal of Political Economy*, 2010, 118(4): 723-746.

［262］ Snyder, W. W.. Horse Racing: Testing the Efficient Markets Models[J]. *Journal of Finance*, 1978, (33): 1109-1118.

［263］ Song, S. H.. Prices of State Contingent Claims with Insider Traders, and the Favourite-Longshot Bias[J]. *The Economic Journal*, 1992, 102: 426-435.

［264］ Spann, M., Skiera, B.. Internet-Based Virtual Stock Markets for Business Forecasting[J]. *Management Science,* 2003, 49(10): 310-326.

［265］ Sunder, S.. Markets for Information: Experimental Evidence[J]. *Econometrica*, 1992, 60(3): 667-695.

［266］ Sunstein, C.. Infotopia: How Many Minds Produce Knowledge. Oxford Univ. Press, New York, 2006.

［267］ Thaler, R. H.. The Winner's Curse: Paradoxes and Anomalies of Economic Life[M]. Princeton: Princeton University Press, 1992.

［268］ Tversky, A., Kahneman, D.. Judgment under Uncertainty: Heuristics and Biases[J]. *Science*, 1974, 185: 1124-1131.

［269］ Van der, L., Seelen, G. L.. Efficiency and Implementation of Simplicial Zero Point Algorithms[J]. *Math-ematical Programming*, 1984, (30): 196-217.

［270］ Varian, H. R.. Avoiding the Pitfalls When Economics Shifts from Science to Engineering[N]. New York Times, New York, N. Y.; Aug 29, 2002.

［271］ Vaughn, L. V., Paton, D.. Why is There a Favourite-Longshot Bias in British Racetrack Betting Markets?[J]. *The Economic Journal*, 1997, 107: 150-158.

［272］ Veldkamp, L.. Media Frenzies in Markets for Financial Information[J]. *The American Economic Review*, 2006, 96(3): 577-601.

［273］ Vigna, S. D.. Psychology and Economics: Evidence from the Field[J]. *Journal of Economic Literature*, 2009, 47(2): 315-372.

［274］ Vives, X.. Social Learning and Rational Expectations[J]. *European Economic Review*, 1996, 40: 589-601.

［275］ Weitzman, M.. Utility Analysis and Group Behavior: an Experimental Study[J]. *Journal of Political Economy*, 1965, 73: 18-26.

［276］ Welch, I.. Sequential Sales, Learning, and Cascades[J]. *The Journal of Finance*, 1992, 47(2): 695-732.

［277］ Wolfers, J., Zitzewitz, E.. Prediction Markets[J]. *Journal of Economic Perspectives*, 2004, 18(2): 107-126.

［278］ Wolfers, J., Eric, Z.. Interpreting Prediction Market Prices as Probabilities[EB/OL]. *NBER Working Paper*, 2007.

［279］ Wolinsky, A.. Information Revelation in a Market with Pairwise Meetings[J]. *Econometrica*, 1990, 58(1): 1-23.

［280］ Working, H.. A Random-Difference Series for Use in the Analysis of Time Series[J]. *Journal of the American Statistical Association*, 1934, 29(185): 11-24.